KB216016

**기독교
사용 설명서
7**

공예배

세움북스 는 기독교 가치관으로 교회와 성도를 건강하게 세우는 바른 책을 만들어 갑니다.

기독교 사용 설명서 7
공예배

초판 1쇄 인쇄 2021년 12월 25일
초판 1쇄 발행 2021년 12월 30일

지은이 | 강현복
펴낸이 | 강인구
펴낸곳 | 세움북스

등 록 | 제2014-000144호
주 소 | 서울시 서대문구 연희로 160 연희회관 3층 302호
전 화 | 02-3144-3500
팩 스 | 02-6008-5712
이메일 | cdgn@daum.net

교 정 | 오현정
디자인 | 참디자인

ISBN 979-11-91715-27-9 (03230)
 SET 979-11-91715-20-0 (03230)

기독교
사용 설명서

7

공예배

강현복
지음

세움북스

목차

독일의 개혁자 마틴 루터가 비텐베르크 성곽교회 문에 면벌부를 반박하는 95개조 대자보를 내 붙인 지 500년을 훌쩍 지나 몇 년이 더 흘러가고 있습니다. 종교개혁은 제도적인 개혁, 도덕적인 개혁에 불과한 것이 아니었습니다. 종교개혁은 예배의 개혁이면서 동시에 교리와 삶의 총체적인 개혁이었습니다. 이 종교개혁이 거대한 로마교회체제와 성도들의 신앙생활을 흔들어 놓았습니다. 하나님을 참되게 예배하기 시작하면서 교인들은 두려움이 아니라 기쁨과 감사 가운데 살아가기 시작했습니다. 그 개혁의 불꽃이 교회만이 아니라 유럽 사회 전체를 새롭게 했습니다. 과연 우리 한국개신교회는 개혁의 그 아름다운 모습을 얼마나 누리고 있을까요?

종교개혁 500주년을 맞아 종교개혁이 교회의 몇몇 악습을 제거한 것이 아니라 총체적인 개혁이었음을 드러내기 위해 『종교개혁자들과의 대화』(SFC출판부) 12권 시리즈를 발간한 바 있습니다. 그 시리즈를 통해 종교개혁이 예배, 교회, 역사, 교육, 가정, 정치, 경제, 문화, 학문, 교리, 과학, 선교를 어떻게 변화시켰는지 살펴 보았습니다. 우리 청소년들이 어떤 영역에서 일하든 하나님의 사람으로 살아갈 수 있다는 것을 보여주려고 했습니다. 이 종교개혁 500주년의 후속 작업이 바로 본 시리즈 『기독교 사용 설명서』입니다. 본 시리즈는 우리 기독교의 근본을 재확인하고, 다시금 개혁의 정신을 되살려 오직 하나님의 영광을 위해 살아가고자 하는 마음으로 기획했습니다.

본 시리즈에서는 기독교를 총 4부로 나누어서 설명합니다. 제1부는 종교개혁, 교회정치, 교회직분입니다. 우리는 종교개혁의 역사를 통해 교회정치와 직분이 어떻게 새로워졌는지를 잘 알아야 합니다. 제2부는 사도신경, 십계명, 주기도문입니다. 개혁자들은 교리문답을 만들었는데 그 교리문답들의 대부분은 이 세 가지를 해설하면서 기독교신앙의 요체를 드러내었습니다. 사도신경은 우리가 믿고 있는 삼위일체 하나님을 고백하는 것이고, 십계명과 주기도문은 우리가 어떻게 감사의 삶을 살아야 하는지를 잘 보여주고 있습니다. 제3부는 공예배, 교회예식, 교회력입니다. 교회는 예배를 위해 부름받았고, 각종 예식을 통해 풍성함을 누리고 교회력을 통해 이 세상에서 그리스도를 누리면서 새로운 시간을 살아갑니다. 마지막 제4부는 혼인, 가정예배, 신자의 생활입니다. 우리는 하나님이 처음부터 제정하신 제도인 혼인을 통해 언약가정을 이루고 가정에서 예배하면서 기독교인으로서 이 세상을 살아갑니다.

그동안 덮어놓고 믿었던 것이 교회의 쇠퇴와 신앙의 배도에까지 이르고 있습니다. 코로나시대에 함께 모여 예배하고 교제하는 것이 힘들어졌지만 기독교신앙에 대해 치열하게 학습할 수 있는 절호의 기회입니다. 우리가 무엇을 믿는지, 어떻게 살아야 하는지 근본에서부터 잘 학습해야 하겠습니다. 각 세 권씩으로 구성된 총 4부의 『기독교 사용 설명서』를 통해 우리 기독교와 교회의 자태를 확인하고 누릴 수 있기를 바랍니다. 12권 시리즈로 기획했기에 매월 한 권씩 함께 읽으면서 공부하고 토론하기에 좋을 것입니다. 기존 신자들 뿐만 아니라 자라나는 우리 청소년과 청년들이 이 시리즈를 통해 기독교의 요체를 확인하고 믿음의 사람들로 든든히 서서 교회를 잘 세우면서 이 세상에서 담대하게 살아갈 수 있기를 바랍니다. 교회를 세우기 위해 가르치면서 해당 주제를 잘 집필해 주신 집필자들의 수고에 감사를 드리고, 이 시리즈 기획을 흔쾌히 받아 출간하는 세움북스 강인구대표께 진심으로 감사를 드립니다.

2021년 11월
개혁교회건설연구소

"신학의 꽃인 예배 회복을 소망하며"

너무나 일상적이고, 진부하여 시든 예배

신자는 예배에 묻혀 살아갑니다. 주일 오전예배, 오후예배, 수요예배, 금요예배, 새벽예배, 남전도회 헌신예배, 청년회 헌신예배, SFC 헌신예배, 어버이 주일 기념예배, 광복기념예배, 부활절 연합예배, 개업예배, 회갑 기념예배, 추도예배, 입관예배, 하관예배, 발인예배 등등. 이래서는 신령과 진정으로 드리는 예배의 의미를 이해할 수도 없으며, 나아가 바른 예배를 드릴 수도 없습니다. 기본적으로 예배는 삼위 하나님과 그분의 하신 일에 대한 경배이지 인간 역사에 대한 회고가 아닙니다. 온 교회가 공적으로 드리는 주일예배 외에 다른 것들은 집회와 경건회, 혹은 기도회일 따름입니다. 예배는 무엇인가를 기념하는 것도 아닙니다. 또한 사람의 행적과 관련된 모임은 예배가 될 수 없습니다. 그러니 추도식, 입관식, 무슨 무슨 기념식이어야 합니다. 이와 같은 다양한 종류의 예배는 예배와 집회를 구분할 수도 없는 부작용을 낳습니다.

종류도 다양하지만 예배의 내용을 들여다보면 가히 충격적입니다. 예배를 구성하는 요소에 있어서도 그러하지만 예배하는 신자들의 모습은 더더욱 그러합니다. 세례와 성찬은 일 년에 두세 번이 고작이며, 십계명과 신앙고백은 시나브로 자취를 감추기 시작했습니다. 죄의 공적 고백과 사죄의 선언은 외계에서 온 듯이 취급당합니다. 신자들은 주일 낮예배에 출석 도장을 찍듯이 스쳐 지나갑니다. 하나님께서 찾아오시며 그 은혜에 감격하여 드리는 찬송도 기도도 기계처럼 행합니다. 지루한 설교 시간에 주보는 조간신문을 대신하다 못해 꼬리에 꼬리를 무는 생각의 도화지가 됩니다.

은혜의 방편인 말씀과 성례와 기도의 본질이 너무나 속화되어 있습니다. 하나님께서 역사 속에 행하신 구원의 노래가 말씀의 핵심이어야 함에도 불구하고 육적인 복과 종교심을 자극하는 수단처럼 변질되었습니다. 매년 「기독교보」 주요 기사로 등장하는 군에서의 집단 세례는 성례의 진정한 의미를 왜곡시키기에 충분합니다. 성찬은 하나님께서 우리 가운데 행하신 전(全) 구속 역사를 눈으로 보게 해야 합니다. 그러나 아쉽게도 주님의 죽으심만 생각나게 하는 경향이 있습니다. 이방인처럼 중언부언하지 말며, 무엇을 입을까 무엇을 먹을까 염려하지 말라는 주님의 권면이 신자들의 기도에서 지우개로 깨끗이 지워진 느낌입니다. 이는 선배 개혁자들의 피를 헛되게 하는 꼴입니다.

잘못된 처방

대부분의 지도자들은 무엇인가 잘못되었다는 생각을 합니다. 어디를 어떻게 개혁해야 할지 고민에 고민이 이어집니다. 결과, 두 종류의 해결책이 제시되었습니다. 하나는 예배를 간소화하는 작업이고, 다른 하나는 즐겁고 역동적인 예배로의 전환입니다. 예배를 간소화 한다는 것은 예배의 시간과 주로 관련되었습니다. 한 시간을 넘긴 예배는 당회의 중요 이슈가 되었고, 분열의 원인이 되었습니다. 그리하여 순서를 대폭 줄이고 설교 시간을 극히 제한하는 형태로 나타났습니다. 한두 곡의 찬송과 간략한 기도, 이어지는 간결하면서도 짧은 메시지. 헌금도 예배 중이 아니라 예배의 장소로 들어오면서 입구에서 자발적으로 큰 통에 넣습니다.

누구나 참여할 수 있는 흥미진진한 예배를 위해 주로 악기가 동원되었습니다. 요란한 악기 때문에 사람의 목소리는 점점 길을 잃고 있음에도 말입니다. 지루한 설교 대신에 재미있는 간증과 예화가 신자들의 귀를 즐겁게 합니다. 불신자들이 참여해도 전혀 이상할 것이 없는 - 어떤 이들은 이것을 문화충격을 최소화한다고도 함 - 예배를 드립니다. 소위 열린예배가 등장합니다. 안타깝게도 이는 잘못된 처방입니다. 우리는 개혁자들의 후예답게 성경으로 돌아가야 합니다. 그 책에 우리의 심안(心眼)을 뜨게 할 진리와 영혼의 보고(寶庫)가 있습니다.

예배의 기초와 본질- 언약

예배의 사전적 의미는 '엎드려 절하다'입니다. 예배는 그분의 백성들이 삼위 하나님께 절하는 행위입니다. 백성들은 무엇 때문에 절합니까? 생명의 길을 열어 가르치신 삼위 하나님의 은혜 때문입니다. 인간의 끊임없는 반역에도 불구하고 삼위 하나님께서는 친히 약속을 이루셨습니다. 실로 하나님은 그러한 대로 그러합니다(출 3:14). 그러나 인간 스스로는 예수님께서 언약의 완성이심을 믿음으로 받을 수 없습니다. 예수님이 여자의 후손이요, 제사장 나라를 건설하실 분이심을 이해할 수 없습니다. 그분이 율법의 완성이며, 친히 성전이 되시고 그 백성들이 이제 성전이 된다는 진리도 인간 스스로 받을 수 없습니다. 예수님께서 다윗과 같은 왕으로 강림하셨고, 그분이 친히 자기 백성을 모으시며 그분의 피 흘림이 구원이 된다는 것을 스스로 믿을 수 있는 인간은 단 한 명도 없습니다. 오직! 진리의 성령님께서 택하신 백성들에게 믿음을 주실 때에만 이 모든 것들이 이해되고 수납됩니다. 그러니 예배는 믿음을 기초로 합니다.

예배가 믿음을 기초로 한다는 것은 예배로 초청된 이들이 교회임을 알 수 있습니다. 그러므로 거룩한 공회인 교회가 영광의 하나님 앞에 교회로 모인다는 것은 예배 공동체로 선다는 뜻입니다. 예배는 교회의 정체성을 드러내며, 교회는 예배를 통해 그 정체성을 확증합니다. 시내산 앞에 선 교회는 제사장 나라와 거룩한 백성으로 부름받았고, 그들은 하나님의 언약을 수납함으로 제사장 나라와 거룩한 백성이 되었습니다. 이와 같이 교회가 예배의 자리로 부름받을 때, 제사장 나라와 거룩한 백성으로서의 정체성을 만천하에 드러냅니다. 예배는 교회의 정체성을 규정하는 행위입니다.

시내산 앞에 선 교회에게 율법이 주어졌습니다. 교회는 이 율법을 통하여 하나님의 왕국을 건설해야 합니다. 그러나 광야교회는 이 사명을 온전히 감당치 못했습니다. 우리는 율법을 통하여 죄를 깨닫습니다(롬 3:20). 율법은 하나님의 백성들을 그리스도께로 인도하는 몽학선생입니다(갈 3:24). 율법은 하나님 사랑이요 이웃 사랑으로 요약됩니다(마 22:37-40). 인류 가운데 단 한 사람도 이 법을 온전히 지킬 이가 없습니다(롬 3:10-12). 그러나 우리의 구주 예수 그리스도께서 이 법을 온전히 지키셨습니다. 진실로 그리스도는 모든 믿는 자에게 의를 이루기 위하여 율법의 마침이 되셨습니다(롬 8:3-4, 롬10:4). 예수님께서는 완전하고 온전하게 하나님을 사랑하셨고 이웃을 사랑하셨습니다. 그래서 '남을 사랑하는 자는 율법을 다 이루었느니라'고 선언할 수 있습니다(롬 13:8). 하나님께서 약속하신 언약을 감사함으로 받을 때에 신자도 예수님께서 이루신 율법의 완성에 참예하게 됩니다. 그러니 믿음은 율법을 폐하게 하는 것이 아니라

도리어 율법을 굳게 세웁니다(롬 3:31).

교회는 예배 중 십계명을 읽고 죄를 고백합니다. 죄 아래 있는 인간의 비참을 깨닫고 은혜의 보좌 앞으로 나아갑니다. 사죄의 선언을 통해 죄인 된 교회가 그리스도로 옷 입습니다. 짐승의 피가 아니라 어린양이신 예수님의 십자가 사건이 교회로 하여금 의인 되게 합니다. 예배는 죄 사함의 기쁨으로 인해 교회로 하여금 환희에 차게 합니다. 실로 예배는 죄로부터 해방된 이들의 축제입니다. 이는 그리스도께서 성전이 되셨고, 교회 역시 성전 되었음을 생각할 때 더욱 분명합니다. 성전은 죄 사함과 구속의 현장입니다. 이는 그림자입니다(히 8:5). 참성전이신 예수님은 옛 성전에서 이루어질 죄 사함을 친히 선언하셨습니다(마 9:2, 눅 7:48). 예수님은 참성전이 되셨습니다(요 1:14, 2:19-21). 참성전이신 예수님은 동시에 화목제물이 되셔서 피를 흘리셨습니다. 모든 물건이 피로써 정결케 된 것처럼 예수님의 피가 언약의 피였습니다(마 26:28, 히 9:22). 성찬은 그리스도께서 흘리신 언약의 피가 갖는 의미를 가장 잘 드러내는 표입니다.

교회는 예배를 통하여 그분의 몸을 먹고 마심으로 사죄의 은총을 누림과 동시에 삼위 하나님과 연합되었음을 자랑

합니다. 먹음은 연합을 의미합니다. 구약성경이 규정하는 음식규례(정하고 부정한 것들)는 하나님의 백성들이 무엇과 연합되었는지를 가르치는 표입니다. 그러므로 예배는 교회가 삼위 하나님과의 연합을 즐기는 것이며 성도와 성도의 연합을 즐기는 것이기도 합니다. 또한 성찬은 거룩한 식사이기에 영혼의 양식입니다. 예배는 생명의 양식을 배불리 먹는 왕궁의 잔치입니다.

삼위 하나님은 언약의 하나님이십니다. 이는 믿음의 내용입니다(롬 4:19-21). 뱀을 저주하시면서 사람에게 약속하신 '여자의 후손', 아브라함을 부르시고 나라를 약속하신 하나님은 시내산에서 율법과 성막을 통하여 그 언약을 더욱 구체적으로 계시하셨습니다. 다윗에게 왕권을 약속하셨고, 친히 부자(父子)관계를 선언하셨습니다(삼하 7:14). 옛 백성들이 실패하자 새 언약을 선언하셔서 성령님을 약속하셨습니다(렘 31:31-34). 예수님께서는 사마리아 여자와 대화하시면서 예배가 '성령과 진리'로 드려져야 함을 강조하셨습니다(요 4:23). 이는 새로운 시대의 도래입니다. 실패한 자기 백성들을 위한 삼위 하나님의 사랑의 징표였습니다. 오순절 성령 강림은 참예배를 드리는 새로운 공동체의 출현을 가능케 했습니다. 그러므로 예배는 성령님의 주도 아래 이루어집니다. 언약이 하나님의 주권으로 이루어짐과 같이 예배도 성령 하나님의 주권적 사역을 통해 베풀어져야 합니다.

우리의 예배는 성령님의 임재가 가득 찬 예배입니다. 성령님은 진리의 영이시기에 하나님의 구속을 밝히 드러내십니다. 특별히 말씀 사역자의 설교를 통하여 그리하십니다. 이 면에서 예배는 삼위 하나님께서 행하신 구속 역사를 재현하는 장입니다. 예배에는 하나님의 구속에 대한 찬양과 경배가 반드시 동반되어야 합니다. 삼위 하나님이 베푸신 구원을 기뻐하며 즐거워하고 그 구원을 재현하며, 갱신합니다. 교회가 언약 공동체이기에 성령님 안에서 언약을 갱신하는 최상의 행위가 예배입니다.

언약은 교제와 만남이라는 특징을 갖고 있습니다. 범죄하여 나무 사이에 숨은 아담을 찾아오신 하나님. 갈대아 우르에 있는 아브람을 찾아오신 하나님. 그 백성을 시내산으로 부르신 하나님. 다윗을 부르시고, 택하신 백성을 부르신 백성을 부르신 하나님. 하나님께서는 죄로 말미암아 자기로부터 단절된 자기 백성을 만나 교제하기를 원하셨습니다. 하나님과 독생자 예수 그리스도를 아는 것이 영생입니다(요 17:3). 이 앎은 삼위 하나님과 자기 백성의 연합입니다. 곧 교제 관계의 형성입니다. 이 교제와 만남이 언약이라는 방편을 통해 주어졌습니다. 그러므로 예배는 언약적 만남과 교제의 재연입니다. 예배는 구속주 하나님과 그 백성들의 만남과 교제의 역동성이 살아있는 현장입니다.

예배의 회복을 소망하며

신학은 삼위 하나님을 아는 것이며 그분과의 교제입니다. 이제 우리는 아테네나 로마의 연극장이 아니라 성령님 안에서 하나님을 말합니다. 곧 예배 안에서 하나님을 알고 말합니다. 예배야말로 신학의 꽃입니다. 예배의 개혁 없이 교회의 개혁도 없습니다. 우리는 이미 이 전통을 선배 개혁자들로부터 물려받았습니다. 말씀과 성례가 중심된 예배입니다. 또한 우리의 헌법은 이 면에 충실합니다.

교회란 예수 그리스도의 공로로 구원받은 그리스도인들이 모여 하나님 앞에 예배하는 공동체이다(고신 헌법 예배지침 1장 1조).

교회를 예배 공동체로 규정한 헌법은 예배에 대해서도 바른 기준을 제시했습니다.

> 예배의 본질은 언약적이다. 언약의 쌍방은 하나님과 그의 백성이다. 하나님께서 예배에 기여하시는 부분이 있고, 하나님의 백성들이 예배에 기여하는 부분이 있다. 예배는 하나님께로부터 오는 복, 말씀 등과 같은 요소들이 있고, 하나님의 백성들이 드리는 찬양, 기도, 헌금 등과 같은 요소들이 있다(고신 헌법 예배지침 2조 2항).

이 예배규례가 우리의 교회들을 저 하늘 보좌에 앉으신 왕에게 나아가게 했으면 좋겠습니다. 왕이신 예수님께서 당신의 식탁으로 그 백성을 부르시며, 대제사장의 기도로 그 백성들의 기도를 돕고, 참선지자가 되셔서 진리의 말씀을 그 백성의 귀에 들려주십니다. 그러기 위해 올바른 직분의 봉사가 동반되어야 합니다. 목사와 장로와 집사의 섬김이 온전한 예배를 가능케 합니다. 참예배는 하나님을 아는 것으로 충만하며, 그분의 구속과 그분 자신을 즐김입니다.

제1장
언약과 예배

제1장

언약과 예배

언약 백성 모두가 드리는 예배여야

'세대예배' 혹은 '가족예배'라는 말이 회자됩니다. 매월 혹은 격월에 한 번, 세대를 넘어 온 가족이 함께 예배하는 것을 일컫는 말입니다. 부모와 어린 자녀가, 할머니와 손자가 한자리에 앉아 함께 예배하는 모습은 얼마나 아름답습니까! 교회마다 이러한 예배를 통해 나름의 목적을 이루려합니다. 훌륭한 하나의 프로그램이 되었습니다. 그러나 이러한 예배가 하나의 훌륭한 프로그램이나 한 지역교회의 특별한 모습이어야 할까요? 이것이 그 교회의 독특성을 드러내는 표인가요?

교회는 예배하는 공동체입니다. 함의 땅인 애굽에서 언약 백성들은 탈출하여 해방되었습니다(시 78:51; 105:23). 언약 백성들은 죄와 사망을 상징하는 애굽 땅을 떠나 하나님께서 만드실 왕국인 가나안으로 나아갔습니다. 그 여정 중 시내산에서 하나님은 자기 백성들과 만나셨습니다. 하나님께서는 모세와 아론에게 시내산에서의 만남을 미리 예고하여 이르기를 '그들이 광야에서 내 앞에 절기를 지킬 것이니라'(출 5:1)고 했습니다. '절기를 지킨다'는 말씀을 문자적으로 이해하면 '순례축제'를 행한다는 것이며 이는 '예배한다'는 의미입니다.

시내산에 이른 이스라엘 백성들은 하나님과 언약을 맺었습니다. 언약 맺음은 하나님께서 준비하신 예배에 참여함입니다. 모세는 이 장면을 출애굽 2세대들에게 해설하면서 그들이 예배하는 공동체임을 명료하게 가르쳤습니다. '네가 호렙산에서 네 하나님 여호와 앞에 섰던 날에 여호와께서 내게 이르시기를 나에게 백성을 모으라 내가 그들에게 내 말을 들려주어'(신 4:10). '백성을 모으라'는 말씀에서 '총회'(동사형은 모으다)가 나왔고, 이는 신약에서 '교회'로 번역되었습니다. 시내산에서 이스라엘은 제사장 나라가 되었습니다(출 19:6). 곧 제사(예배)를 주관하는 자가 되었습니다. 이렇듯 이스라엘 백성이 하나님의 언약에 초청됨으로 예배하는 공동체가 되었습니다.

이 언약에 누가 참여하였습니까? 성인들만 참여하였습니까? 그렇지 않습니다. 남녀노소 모든 이들이 하나님과 맺은 언약에 참여했습니다. 다만 직분자들이 주도적인 역할을 했을 따름입니다. 모압 평지에서 언약을 갱신할 때에 백성의 유아들도 참여했습니다. '오늘 너희 곧 너희의 수령과 너희의 지파와 너희의 장로들과 너희의 지도자와 이스라엘 모든 남자와 너희의 유아들과'(신 29:10-11). 유아들도 하나님의 언약에 참여했습니다.

유아들도 언약의 표를 몸에 지니고 있었습니다. 하나님께서는 아브라함에게 난 지 팔일 된 아이들이 할례를 받도록 했습니다(창 17:12). 할례는 하나님께서 주도적으로 행하시는 언약에 대한 표징이었습니다(창 17:11). 곧 할례는 하나님께서 자기 백성들에게 하신 약속을 믿음으로 받았다는 증거입니다. 이 증거가 난 지 팔일 된 언약의 자녀들에게도 새겨졌습니다. 그래서 예수님은 '어린아이들을 용납하고 내게 오는 것을 금하지 말라'고 하셨습니다(마 19:14). 또한 오순절 성령 강림 때에 사도 베드로는 '이 약속은 너희와 너희 자녀와 모든 먼 데 사람 곧 주 우리 하나님이 얼마든지 부르시는 자들에게 하신 것이라'고 했습니다(행 2:39).

예배는 언약 갱신의 현장입니다. 이 현장에 약속의 표를 지닌 세례(유아세례)받은 언약의 자녀들이 참여하는 것이 너무나 당연하지 않습니까! 언약 갱신의 현장에 언약의 표를 지닌 이들을 제외하는 것이야말로 오히려 부끄러운 일이요, 자녀들에게 주어진 특권을 빼앗는 행위가 아닌가요. '세대예배' 혹은 '가족예배'는 교회의 특별한 프로그램이나 특이한 모습이 아닙니다. 온 교회가 지키고 행해야 될 의무입니다. 또한 분기별 혹은 매월 행하는 행사여서도 안 됩니다. 공예배는 매주일마다 항상 모든 언약의 백성들이 참여해야 됩니다. 이는 예배의 본질이요 보존해야 될 성경의 원리입니다. 남녀노소 구별 없이 언약 백성 모두가 함께 예배하는 모습을 회복함으로 하나님 중심의 예배를 즐기는 고신교회가 되면 좋겠습니다.

희미하고 왜곡된 예배 개념을 바르게 세우자

매사에 일에는 순서가 있습니다. 앞서 해야 될 일과 뒤에

해야 될 일을 바꾸어 할 수 없습니다. 기초를 놓지 않고 기둥을 세울 수 없습니다. 기둥을 세우지 않고 어찌 지붕을 올릴 수 있겠습니까. 어린아이의 때에 해야 될 일이 있고 성인이 되어 해야 될 일이 있습니다. 어른이 아이의 일을 하고 있으면 주위 사람들이 심각하게 받아들입니다. 우리의 예배도 마찬가집니다. 예배에 대한 개념이 희미하거나 왜곡되면 바른 예배, 은혜로운 예배와는 거리가 멀게 됩니다. 예배에 대한 성경적 이해가 부족하여 생기는 문제는 성도들의 삶 전반에 영향을 미칩니다. 나답과 아비후는 다른 불을 들고 하나님께 나아가다 죽임을 당했습니다(레 10:1-2).

우리 교회법은 '예배의 본질은 언약적이다'라고 선언합니다(예배지침, 1장 2조 2항). 교회법은 성경과 신앙고백 위에 만들어진 규칙입니다. 그렇다면 고신 교회법이 예배를 이렇게 정의하는 것은 성경과 신앙고백이 이를 뒷받침하고 있다는 뜻입니다. 예배의 본질을 언약으로 보는 이러한 이해가 성경적 근거를 갖고 있습니까? 좀 더 구체적으로, 예배를 언약 갱신의 현장이라 정의하는 이유가 무엇이며, 이에 대한 성경의 가르침은 어떠한가요?

대제사장 아나니아와 장로들이 바울을 벨릭스 총독에

게 고소했습니다(행 24:1-9). 그 고소에 바울이 자신을 변호하면서 '내가 예루살렘에 예배하러 올라간 지 열이틀밖에 안 되었고'라고 했습니다(행 24:11). 바울은 예루살렘에 예배하러 올라갔다고 했습니다. 실제로 바울은 세 번째 복음전파 여정을 마치고 예루살렘에서 야고보와 장로들을 만났습니다. 그리고 하나님의 은혜로 이방지역에서 자신의 봉사가 큰 열매 맺음을 보고했습니다. 그러자 예루살렘교회 직분자들이 바울을 권하여 성전에서 제사드릴 때까지 결례를 지킬 것을 권했습니다. 바로 이것이 바울이 말한 '예배'입니다. 곧 예배는 율법을 따라 결례를 행하는 것이었습니다.

이러한 사례는 신약성경 다른 곳에서도 나타납니다. 에디오피아 여왕 간다게의 내시가 예루살렘에서 예배를 드리고 돌아가는 길에 빌립을 만났습니다(행 8:26-27). 이 내시 역시 예루살렘 성전에서 규례를 따라 절기에 참여했습니다. 뿐만 아니라 유월절 절기를 지키기 위해 예루살렘에 온 헬라인들의 행적을 성경은 다음과 같이 말합니다.

'명절에 예배하러 올라온 사람 중에 헬라인 몇이 있는데'(요 12:20).

바울의 사례, 에디오피아 여왕 간다게의 내시, 유월절 절기에 예루살렘에 온 헬라인들의 모습에서 우리는 예배한다는 것이 구체적으로 무엇을 의미하는지 선명하게 깨닫습니다. 예배는 절기와 제사와 결례를 행함입니다. 절기와 제사와 결례에는 하나님께서 택한 백성들을 위해 베푸신 은혜와 사랑이 고스란히 담겨 있습니다. 이를 한마디로 표현하면 '하나님께서 베푸신 구원'입니다. 하나님께서 베푸신 구원은 구약과 신약을 통하여 통일성을 갖고 계시되었는데, 그것이 바로 하나님과 자기 백성의 '언약 맺음'입니다. 그래서 우리는 예배를 언약 갱신의 현장이라 합니다.

하나님과 자기 백성의 언약 맺음은 시대마다 조금씩 다르게 표현되었습니다. 그럼에도 불구하고 모든 언약은 본질상 같습니다. 아담, 노아, 족장, 모세, 다윗과 맺은 언약은 새 언약 안에서 모두 이루어졌습니다. 바로 이러한 이유 때문에 예수님은 마지막 유월절 잔치에서 떡과 포도주를 제자들에게 주시면서 '너희가 다 이것을 마시라 이것은 죄 사함을 얻게 하려고 많은 사람을 위하여 흘리는 바 나의 피 곧 언약의 피니라'고 하셨습니다(마 26:27-28, 참고 출 24:8).

그러므로 예배는 새 언약 아래에서 성령과 진리로 드립

니다(요 4:21-24). 삼위 하나님께서 행하신 구원이 언약을 통하여 선물로 주어졌으니 이 언약을 재현하는 현장이야말로 영광스럽고 복된 순간입니다. 언약은 찾아오시는 하나님과 초청받아 언약에 동참하는 백성 간에 이루어지는 사귐의 현장입니다. 고신교회의 예배가 이 사귐의 풍요로움으로 가득하길 소망합니다.

Q. 하나님께서는 누구를 언약 백성으로 부르시나요? 성경말씀을 통해 확인해 봅시다.

Q. 예배가 언약갱신의 현장이라면 그 예배에 함께 참여해야 할 사람들은 누구일까요?

Q. 소위 어른 예배와 주일학교 예배가 나뉘게 된 배경을 고민해 봅시다.

Q. 예배 중에 누리는 구원의 기쁨과 감격이 예배로 모인 하나님의 백성들 간의 교제로는 어떻게 나타나면 좋을까요?

제2장
찬송과 신앙고백

제2장
찬송과 신앙고백

시와 찬미와 신령한 노래인 찬송

예배가 언약 갱신의 현장이라면 여기에는 일정한 순서가 있어야 합니다. 특별히 하나님께서 찾아오시는 부분과 교회, 곧 하나님의 백성이 드리는 부분으로 나뉩니다. 교회가 삼위 하나님께 드리는 가장 역동적인 순서 중 하나는 찬송입니다. 찬송은 하나님께서 행하신 일에 대한 자기 백성의 읊조림이요 높임이며 기도이고 고백입니다.

부활하신 예수님께서 베다니 앞에서 제자들을 축복하시고 승천하셨습니다. 그러자 제자들은 예루살렘 성전에서 늘 하나님을 찬송했습니다(눅 24:50-53). 이때, 누가복음 24

장 50절과 51절, 그리고 53절에서 언급한 예수님의 '축복'과 제자들의 '찬송'은 같은 단어입니다. 제자들은 주님께서 베푸신 복을 기억하며 회상하여 올려드렸습니다. 예수님께서 제자들을 축복하신 그것을 제자들이 다시 시를 읊듯이 읊조리는 것이 찬송입니다. 홍해를 건넌 이스라엘 백성들이 하나님을 향하여 "그는 높고 영화로우심이요 말과 그 탄 자를 바다에 던지셨음이로다"라고 찬송했습니다(출 15:1). 이렇듯 찬송은 하나님께서 자기 백성을 위해 행하신 일을 하나님께 다시 돌려 드림입니다.

그래서 성경은 시와 찬미와 신령한 노래로 서로 화답하라고 명령합니다(엡 5:19, 골 3:16). 시와 찬미와 신령한 노래는 무엇입니까? 크게 두 가지 견해로 나뉘는데, 신약교회가 칠십인역 성경을 주로 많이 사용했기 때문에 시편을 시, 찬미, 신령한 노래로 분류했다고 이해합니다. 그러면 시와 찬미와 신령한 노래는 모두 시편이 됩니다. 다른 견해는 시는 시편을, 찬미는 하나님께서 그리스도를 통하여 이루신 구원을 노래하는 것을, 신령한 노래는 성령의 감동으로 지은 찬송이라는 것입니다. 어떤 해석을 선택하든지 공통적인 면은 시편을 찬송함입니다.

시편은 계시의 말씀입니다. 성경 그 자체입니다. 하나님의 구속 역사를 이보다 더 잘 노래하는 내용이 세상 어디에 있겠습니까. 고(故) 허순길 목사님은 신학대학원 경건회에서 말씀을 전하실 때마다 자주 시편을 인용하셨습니다. 그때마다 감탄하며 은혜를 누렸습니다. 아직도 그 말씀이 기억에 생생합니다. 후일 목사님을 사적인 자리에서 뵐 때, 그이유를 알려주셨습니다. 호주에서 목회하시면서 예배 찬송으로 항상 시편 찬송을 부르셨다고 하셨습니다. 이렇듯 개혁주의를 지향하는 교회 성도들은 시편이 주는 유익을 누리고 있습니다. 물론 시편만 예배용 찬송으로 사용해야 된다는 말은 아닙니다. 그럼에도 시편이 주는 유익은 이루 말로 표현할 수 없을 정도로 놀랍습니다.

고신교회의 예배 찬송은 어떤가요? 우리에게 시편이 얼마나 자주 불려집니까? 한국교회는 선교 초기부터 이 부분에 많은 아쉬움을 남겼습니다. 1930년대 이전까지 한국에들어온 대부분의 선교사들은 미국에서 온 분들입니다. 이분들의 수고로 한국에는 복음의 씨앗이 뿌려졌습니다. 이분들 대부분의 신학적 배경은 미국 부흥운동이었습니다. 그러니 대륙의 개혁주의 유산을 이어가는 데는 미흡한 점이

많았습니다. 신앙고백과 예배에서 더욱 그러합니다.

종교 개혁자 루터는 직접 찬송을 만들어 예배에 사용했습니다. 칼뱅 선생은 '제네바 시편 찬송'을 만들어 성도들의 신앙을 도왔습니다. 고무적인 것은 우리 고신총회가 시편 찬송을 개체교회가 살펴서 사용하는 것을 권장하기로 결의한 것입니다(시편 찬송, 고려서원 간, 66회 총회, 2016년). 그러나 실제 교회생활에서 시편이 찬송 되는 교회를 찾기는 쉽지 않습니다. 오히려 세속 음악의 장르에 개혁주의신학과는 다소 거리가 있는 가사를 붙인 노래들이 점점 늘어나는 추세입니다. 눈을 감고 음률만 들으면 예배 음악인지 세속 음악인지 구분이 되지 않는 곡들도 더러 있습니다.

우리 고신교회가 계시의 말씀인 시편을 찬송하는 일에 앞장섭시다. 시편에 경건한 음률을 더하여 예배 찬송의 은혜로움을 더 높입시다. 음악을 전공한 분들이 고신교회 안에 얼마나 많습니까. 그분들 가운데 놀라운 재능을 가지고 모두에게 인정받고 존경받는 신앙을 가진 분들이 얼마나 많은가요. 시편 찬송은 우리와 우리 자녀들의 신앙을 말씀의 터 위에 더욱 견고히 세울 것이라 확신합니다. 고신의 모든 교회 예배에 시편이 울려 퍼지는 그날을 소망합니다.

예배 음악을 개혁하자

종교개혁은 교회의 예배를 바꿨습니다. 가장 큰 변화 중 하나가 바로 예배 음악이었습니다. 뛰어난 가창력과 예술성을 지닌 소수의 사람들에게 맡겨진 찬송을 모든 성도들이 부르는 찬송으로 옮겨 왔습니다. 종교개혁 전에는 전문 찬양대원을 양성하는 학교들이 있었고 심지어 이 학교에서 성직자를 배출하기도 했습니다. 찬송은 이들 전문가들의 전유물이었습니다. 종교개혁은 비성경적인 찬송 문화를 완전히 개혁했습니다. 우리는 이 전통과 원리를 다시 회복해야 합니다.

찬송은 하나님께서 자기 백성에게 베푸신 구원을 다시 읊조리는 것입니다. 이러한 예배 찬송은 반드시 성경적 기준을 가져야 합니다. 예배에서의 찬송은 보편성과 경건성 (혹은 거룩성)이 담보되어야 합니다. 보편성은 모든 성도가 공감하며 부를 수 있어야 한다는 의미입니다. 특정한 일부의 사람들만이 부르는 찬송은 예배 찬송으로 합당치 않습니다. 가사의 내용이 공감할 수 없는 것이라든지 음악적 기교가 젊은이들에게 적합하여 어린이나 노인들이 따라 부를 수 없으면 안 됩니다. 한국의 그리스도인이나 미국의 그리스도인이나 국적을 초월하여 함께 부를 수 있어야 합니다. 그러니 '삼천리 반도 금수강산 하나님 주신 동산'이나 '여러 해 동안 주 떠나 세상 연락을 즐기고' 등은 보편성이 결여된 찬송입니다. 시편과 성경에 기록된 하나님의 구속 역사와 그리스도의 사역을 내용으로 하는 가사에 곡을 붙인 찬송이야말로 가장 확실한 보편성을 갖춘 찬송입니다.

예배 찬송은 경건(거룩)해야 합니다. 가사가 신학적으로 우리 고신교회의 고백과 일치해야 합니다. '주여 지난밤 내 꿈에 뵈었으니 그 꿈 이루어 주옵소서 밤과 아침에 계시로 보여 주사 항상 은혜를 주옵소서'(490장)라는 찬송은 참으로 심각한 신학적 결함을 가졌습니다. 우리의 고백은 성경 외에 다른 하나님의 계시가 없다고 고백합니다(웨스트민스터 신앙고백 1장 1절). 그런데 '밤과 아침에 계시로 보여주사'라고 찬송할 수 있겠습니까! 지금도 하나님의 계시가 있다고 찬송하는 일이야말로 불경이요 망령된 행동입니다.

장르도 마찬가집니다. 예배 찬송은 세속 음악 장르와는 확연히 구별되는 경건함이 드러나야 합니다. 고신교회의 예배 음악의 장르는 어떠한가요? 이 영역은 너무 심각해서 우려를 금할 수 없습니다. 리듬과 가락에서 찬송가와 세속 음악이 점점 가까워지고 있습니다. 특별히 복음송은 더욱 그렇습니다. 복음송과 예배용 찬송의 구별이 없으니 어느덧 우리 가운데 복음송이 예배 찬송을 대신하고 있습니다. 복음송에는 포크, 팝, 발라드, 트로트, 재즈 등 여러 장르의 음악이 혼재되어 있습니다. 바로 이러한 복음송을 통해 온갖 장르의 음악이 예배 속으로 고스란히 들어왔습니다. 예배 음악과 복음송은 구분되어야 합니다. 시류에 편성된 예배 음악은 반드시 중생되어야 합니다.

음악은 사람을 압도하는 힘을 지녔습니다. 하나님께서 사람에게 감정이라는 좋은 선물을 주셨습니다. 기뻐하고 즐거워하며, 흥분하기도 하며 차분하게 되기도 하며, 분노하고 슬퍼하며, 사랑하고 미워하기도 합니다. 감정은 불과 같아서 반드시 신중히 관리하며 제어해야 합니다. 신앙의 깊이가 부족한 성도가 자칫 교회 음악을 감정에 치우쳐 사용해서는 안 됩니다. 당회도 감정을 지나치게 자극하는 예배 음악이 되지 않도록 감독해야 합니다. 예배는 하나님을 향하여 드리는 것이지 사람의 만족을 최고로 여기지 않습니다. 리듬이 아니라 하나님께서 행하신 은혜로운 구원 역사가 울려 퍼질 때 성도들의 감정은 최고의 기쁨과 즐거움을 누립니다.

하나님과 자기 백성의 언약적 만남이 예배입니다. 그 만남에 하늘의 하나님께서 찾아오시기도 하고, 백성들이 하나님께 나아갑니다. 언약의 두 당사자 간의 만남은 풍성한 교제를 만들고 이를 통해 하늘의 뜻이 땅 위에 이루어집니다. 하늘 백성이 하나님께 드리는 행위 중 찬송은 가장 역동적 성격을 가졌습니다. 보편성과 거룩성(경건성)이 구비되지 않은 찬송은 하나님을 경홀히 여기는 결과를 초래합니다. 또한 예배 음악과 복음송은 구분되어야 합니다. 예배 중에 부를 찬송은 찬송만이 갖는 고유한 장르가 있어야 합니다. 예배 음악의 개혁은 더 이상 미룰 수 없는 과제입니다. 우리에게 주어진 이 사명을 지혜롭게 감당하는 고신교회가 됩시다.

믿음의 요체인 신앙고백의 유익을 누리는 예배

예배 인도자가 "다함께 신앙고백 하겠습니다"라고 말하면, 청중은 자연스럽게 일제히 고개를 숙이고 눈을 감고 "나는 전능하신 아버지 하나님 천지의 창조주를 믿습니다"라고 합니다. 마치 녹음기처럼 버튼만 누르면 음악이 나오듯이 머릿속으로 생각하기 전에 입으로 술술 흘러나옵니다. 사도신경은 우리에게 너무나 익숙합니다. 익숙하다 못해 우리 몸의 일부처럼 느껴집니다. 어린 시절부터 외워야 될 가장 중요한 것들 중 하나로 훈련받은 이유기도 하겠지만 우리의 예배에 빠지지 않는 순서 때문이기도 합니다.

실제로 사도신경은 우리 신앙의 요체입니다. 성도가 믿어야 할 내용이 압축적으로 정리되어 있습니다. 삼위이시며 한 분이신 하나님의 사역을 순서를 따라 너무나 잘 정리하였습니다. 우리 고신교회는 이 신경이 공교회적 신경임을 밝히고 그 유래를 간략히 소개합니다.

'사도신경은 사도들이 작성하지 않았으나, 그들의 교훈을 잘 요약하여 담고 있다. 주후 400년경 로마에서 사용하던 신경인데, 그 원형은 이보다 앞선 250년 이전부터 이미 그곳에서 유포되어 사용되던 로마신경이다. … (중략) … 이 신경의 발생 배경에는 삼위일체 하나님의 이름으로 받은 세례가 있다. 세례의식 중에 각 위격의 하나님을 믿는지를 묻고 대답하고, 대답마다 물에 잠그는 식으로 고백하였다'(고신헌법, 421).

사도신경이 삼위일체 하나님에 대한 고백을 선명이 담고

있기에 고대교회는 세례의식에 사용했습니다. 그러나 이보다 더 중요한 점은 사도신경의 한 고백 한 고백을 믿음으로 받지 않은 사람은 그리스도인이라 부를 수 없음을 기억해야 한다는 것입니다. 성자 예수님을 고백하면서 창조주 하나님을 고백하지 못하면 거기에는 진정한 구원이 없습니다. 성부 하나님에 대한 고백은 선명한데, 성령 하나님에 대한 고백이 온전치 못하면 이 역시 구원이 없습니다. 이처럼 사도신경의 한 조항 한 조항은 우리의 구원과 직접적으로 연관됩니다. 동시에 사도신경은 우리가 어떻게 신학을 해야 하는지를 가르치는 모범입니다. 칼뱅 선생도 『기독교강요』를 성부, 성자, 성령 하나님이라는 고백을 따라 썼습니다. 이처럼 우리 신앙의 핵심인 사도신경을 예배 가운데 고백하는 일이야말로 예배를 풍요롭게 하며, 삼위 하나님과의 교제를 더욱 깊게 하는 가장 확실한 길입니다.

서방교회에 사도신경이 있었다면 동방교회에는 니케아신경(혹은 니케아 콘스탄티노플신경)이 있었습니다. 사실 삼위일체 논쟁은 서방이 아니라 동방에서 촉발되었고 백여 년 동안 교회가 홍역을 치렀습니다(325-451). 그러면서 삼위 하나님에 대한 더 구체적이고 분명한 고백서가 탄생했습니다. 검은 난쟁이라는 별명을 가진 알렉산드리아의 아타나시우스(Athanasius, 295–373)와 카파도키아의 세 교부인 바실리우스(Basilius, 330–379), 그의 동생 그레고리우스(Gregorios, 335–395), 그리고 나지안주스의 그레고리우스(Gregorios, 329–389)의 공헌을 빼놓을 수 없습니다. 이분들의 수고로 우리는 사도신경과 동일한 권위의 신앙고백서를 하나 더 갖게 되었습니다. 사도신경과 더불어 니케아 신앙고백 역시 삼위일체의 구조를 갖고 있으며, 어떤 면에서는 더 세밀하고 더 선명한 고백을 담고 있습니다. 니케아 회의(325년)를 시작으로 콘스탄티노플 회의(381년), 에베소 회의(431년), 칼케돈 회의(451년)에서 드디어 삼위일체 하나님에 대한 고백이 온전히 정리되었습니다.

신앙고백을 하자고 하면 왜 모든 사람들이 사도신경을 고백할까요? 이제는 니케아신경도 고백합시다. 그리하여 우리의 예배가 더 풍요로워지길 원합니다. 끝으로 신앙을 고백하자고 하면 왜 모든 사람이 일제히 고개를 숙이고 눈을 감을까요? 신앙고백은 기도입니까? 만약 신앙고백이 기도라면 왜 마지막에 "예수님의 이름으로 기도합니다"라고 말하지 않습니까. 고백은 우리가 믿는 바를 하나님 앞과 증인들 앞에서 자신의 신앙을 확증하는 방편입니다. 그러니 굳이 신앙고백을 하면서 눈을 감고 고개를 숙일 이유가 없습니다. 오히려 오른손을 들고 선서하듯이 우리의 믿는 바를 선명하고 분명하게 선언해야 합니다.

Q. 찬송의 본질은 무엇이며, 예배중에 시편찬송(엡 5:19, 골 3:16)을 할 때 누리는 유익은 무엇일까요?

Q. 예배에서의 찬송(가사와 음악)에 필요한 보편성, 경건성은 무엇일까요?

Q. 사도신경을 고백하며 우리는 무엇을 기억해야 하고, 동방교회가 고백한 니케아신경의 특징은 무엇인가요?

Q. 형식적인 신앙고백을 피하기 위해 우리가 무엇을 행하면 좋을까요?

제3장
죄의 공적 고백과 기도

제3장
죄의 공적 고백과 기도

비참, 감사, 그리고 송영의 삶을 담은 십계명

아직도 예배 중에 십계명을 읽는 교회가 있느냐는 질문을 종종 받습니다. 좀 더 충격적인 소식은 개체교회의 당회가 십계명 낭독을 생략하자는 논의를 심각하게 했다는 것입니다. 어떤 분들은 아주 노골적으로 십계명 낭독을 예배 순서에서 제외할 것을 주장합니다. 십계명을 낭독할 때마다 사람의 죄를 지적하고, 양심에 가책을 주며, 부담을 주는데, 일상에서 지치고 힘든 생활을 한 성도들이 주일 하루라도 영혼과 육체가 편히 쉴 수 있도록 해 주는 것이 교회의 의무가 아니냐고 하소연합니다. 이보다 더 심각한 것은 십계명에 대한 관심 자체의 실종입니다.

십계명은 시내산에서 하나님과 자기 백성의 언약에서 가장 핵심적 내용 중 하나입니다. 십계명은 언약 체결식에서 언약의 조건으로 제시되었습니다. 곧 십계명은 모든 율법의 요약이기도 하지만 하나님의 언약에 초대된 백성들이 마땅히 행해야 할 바이기도 합니다. 물론 이 계명은 구원의 조건이 아닙니다. 시내산에 다다른 백성들은 구름과 바다에서 이미 세례를 받았습니다(고전 10:1-2). 십계명이 언약의 조건이라는 말은 하나님 나라의 백성이 된 이들이 그 법을 통해 제사장 나라와 거룩한 백성의 삶을 드러내어야 한다는 뜻입니다. 십계명은 하늘나라 백성들이 마땅히 지켜야 할 하늘의 법입니다. 그 법을 지킴으로 백성들은 하늘 시민 됨을 증명합니다.

예수님께서는 이 계명을 두 가지로 요약하셨습니다. 하나님 사랑과 이웃 사랑입니다(마 22:37-40). 그래서 성경적인 사랑은 열 가지 계명을 따라 살아감으로 드러납니다. 성도를 사랑하거나 교회를 사랑하거나 마찬가지입니다. 어떤 대상을 사랑하는 것은 계명을 지킴으로 사랑하고 있음을 확증합니다. 문제는 죄인인 인간이 이 계명을 단 하나도 지킬 수 없다는 것입니다. 예수님의 가르침처럼 형제를 향하여 '라가'(바보)라고 한 사람은 여섯 번째 계명을 어긴 살인자가 됩니다. 이성을 보고 마음으로 음욕을 품은 사람은 일곱 번째 계명을 어긴 간음한 사람이 됩니다. 그러므로 율법으로 의롭다 함을 얻을 육체가 없으며, 오직 율법은 죄를 드러냅니다(롬 3:20; 5:20). 십계명을 예배 중에 낭독하는 이유가 여기에 있습니다. 곧 십계명은 성도들이 죄로 인해 얼마나 비참한 상태에 놓였는지를 깨닫게 하는 도구입니다.

나아가 계명을 지킬 수 없는 죄인들이 그리스도의 은혜로 영생을 얻었음을 감사합니다. 그래서 사도 바울은 그리스도께서 모든 믿는 자에게 의를 이루기 위하여 율법의 마침이 되셨다고 했습니다(롬 10:4). 그리스도께서 율법의 마침이 되신 것은 우리를 위하여 십자가에 달려 대신 저주를 받았기 때문입니다(갈 3:13). 그러니 율법은 성도들로 하여금 그리스도께로 인도하는 몽학선생입니다(갈 3:24). 예배 중 십계명 낭독은 그리스도의 보혈을 의지하도록 합니다. 그 보혈로 계명을 어긴 우리 죄가 사라집니다. 이로 인해 하늘 백성들은 사죄의 은총을 누립니다. 이 모든 과정에 성령 하나님의 역사가 필연적으로 개입합니다. 그리스도의 보혈의 능력으로 죄 사함을 받은 성도들은 성령님의 인도와 역사하심을 따라 살아갑니다. 성령의 삶은 육체의 삶과 대비됩니다. 십계명을 어기는 삶에서 십계명을 따라 살아가는 삶이 됩니다. 다른 신을 섬김, 우상숭배, 여호와의 이름을 망령되게 함에서 하나님만 섬기며, 말씀을 따라 섬기고, 그분의 이름을 위해 살게 합니다. 십계명은 거룩한 백성의 삶의 모습을 보여줍니다.

예배를 개혁한 종교개혁 역사에서 십계명을 예배 중에 가장 풍성히 사용한 사람은 칼뱅 선생입니다. 선생은 십계명에 운율을 붙여 성도들로 하여금 예배 중에 부르게 했습니다. 바로 이 정신이 웨스트민스터 신앙고백서(19장, 하나님의 법)와 대·소 교리문답에 녹아 있습니다. 대 교리문답과 소 교리문답은 십계명을 해설하는 데 상당한 분량을 할당합니다(대 98-148, 소 41-81). 십계명은 성도들로 하여금 죄 아래 있는 인간의 비참을 깨닫게 하며, 그로 말미암아 그리스도의 보혈의 능력을 의지하게 만듭니다. 그러니 십계명 낭독에는 눈물과 감사가 흘러넘칩니다. 나아가 우리의 힘이 아니라 성령 하나님의 능력을 의지하여 송영의 삶을 살도록 촉진합니다. 예배 중 십계명을 낭독함으로 비참과 감사, 그리고 거룩한 삶을 위한 결단이 넘치게 합시다.

죄 사함의 은혜가 넘치는 예배

고신교회 법은 예배지침에서 주일예배의 순서와 요소를 소개합니다(예배지침 제3장 8조). 예배의 순서에는 일곱 가지를 소개하는데, 그중 두 번째가 '죄의 공적 고백과 사죄의 선언'입니다. 정작 예배의 요소 항에는 죄의 공적 고백과 사죄의 선언에 대한 순서가 없습니다. 다행히 헌법해설에서 십계명 선포 다음으로 '죄의 공적 고백'과 '사죄선언'을 해설합니다(헌법해설, 34). 또한 「예전예식서」의 주일 공예배의 순서에는 십계명 선포 다음에 '죄의 공적인 고백'과 '용서하는 은혜의 선포'라는 항목이 있고, 공예배 실제에서 이 두 순서를 간략히 소개합니다. 우리 고신교회가 발행한 「예전예식서」의 죄의 공적 고백과 사죄의 선언을 소개하면 다음과 같습니다.

죄의 공적 고백 항에서 '한 주간을 돌아보며 하나님의 계명과 우리 주님의 가르침대로 행하는 데 부족한 점이나 잘못한 점을 스스로 살펴서 고백하는 순서이다'라고 제시합니다. 이어 용서하는 은혜의 선포 항에는 요한복음 8장 11절과 요한일서 1장 9절을 소개하고, 사죄의 선언의 실제를 소개했습니다. 또한 목사는 성경에서 용서의 말씀을 많이 찾아 미리 준비해 둘 것을 권합니다.

예배는 삼위 하나님과 자기 백성의 언약 맺음이 재현되는 현장입니다. 상호간의 언약 맺음에 있어 주도권은 하나님께 있습니다. 그래서 성경은 종종 언약을 하나님의 맹세라고 부릅니다(창 50:24, 신 7:12). 하나님은 자기 백성과 맺은 언약이 파기될 때에 그 책임을 인간에게도 물었지만 궁극적으로 자신이 지셨습니다. 언약 맺음에 늘 저주의 피가 나타나는 이유가 여기에 있습니다. 아브라함과 언약을 맺으실 때 여호와 하나님은 타는 횃불로 나타나셔서 쪼갠 짐승 사이로 지나가셨습니다(창 15:17). 언약 당사자 간에 어느 한쪽이라도 언약을 파기할 경우 쪼갠 짐승과 같이 저주를 받아야 합니다. 시내산에서 백성들과 언약을 맺으신 하나님은 번제와 화목제를 친히 받으셨습니다. 중보자인 모세는 제물의 피를 받아 단과 백성에게 뿌려 언약의 표로 삼았습니다(출 24:5-8). 이는 언약을 파기했을 때에 파기한 쪽이 짐승의 죽음처럼 죽어야 함을 의미합니다.

언약의 조항인 십계명과 피 뿌림이 여기에서 상호 연관

합니다. 십계명은 언약의 조건으로 주어졌습니다. 곧 십계명은 제사장 나라와 거룩한 백성으로 부름받아 이 사명을 이루어야 할 백성들이 반드시 지켜야 할 조항들의 요약입니다. 문제는 천하에 그 누구도 이 계명을 온전히 지킬 사람이 없다는 데 있습니다. 실로 율법의 행위로 의롭다 함을 얻을 육체가 없습니다(롬 3:20). 오히려 계명은 죄가 무엇인지 선명하게 드러나게 만듭니다. 십계명 앞에 모든 인류는 죄인이 됩니다. 죄인들은 하나님의 자리에 이성(혹은 사상), 명예, 물질, 온갖 세상의 것들을 놓아둡니다. 우상을 섬기고 여호와의 이름을 욕되게 하며, 안식일을 온전히 지키지 않습니다. 부모를 공경치 않고, 살인과 간음과 도적질, 그리고 거짓 증거와 탐욕의 노예가 됩니다.

이렇게 언약을 헌신짝처럼 버린 죄인들을 위하여 예수님은 십자가에서 대신 피 흘려 죽으시고 저주를 받으셨습니다. 주님이 죽으실 때 성소의 휘장은 찢어졌는데, 그 휘장은 그의 몸을 의미합니다(막 15:38, 히 10:20). 주님은 친히 화목제물이 되셨고, 자기 백성의 죄를 속량하셨습니다(막 10:45, 롬 3:23-25). 예배 중 십계명을 읽을 때에 우리 죄와 비참을 처절하게 발견합니다. 바로 이 이유 때문에 '죄의 공적 고백'

과 '사죄의 선언'이 필요합니다. 계명이 우리의 죄를 낱낱이 드러내는 역할을 한다면, 죄의 공적 고백과 사죄의 선언은 우리로 하여금 그리스도에게로 달려가게 하며 십자가의 은혜를 풍성케 만듭니다.

예배는 개인이 하나님께 드리는 것이 아니라 한 몸 된 교회가 드리는 것입니다. 그러므로 죄의 공적 고백은 개인의 죄를 하나님께 아뢰는 것에 머물지 않고 온 교회가 하나님의 용서를 구하는 시간입니다. 언약은 항상 삼위 하나님과 그 백성 전체가 맺었기 때문입니다. 성막과 성전에서 죄 사함이 항상 이루어졌듯이 교회시대에는 예배를 통하여 죄 사함의 은혜가 넘쳐나야 합니다. 죄의 공적 고백과 사죄의 선언은 예배의 기쁨을 배가시키며 감사의 찬송이 우렁차게 울려 퍼지게 합니다. 죄의 공적 고백과 사죄의 선언으로 은혜가 넘치는 고신교회의 예배를 소망합니다.

기도의 전통을 다듬어 은혜로운 예배가 되게 하자

고신교회는 기도의 은혜를 풍성히 경험한 교회입니다. 선배들은 이른 새벽 한두 시간을 기도했고, 하루를 그렇게 시작했습니다. 기도로 이루어진 놀라운 일들에 대한 간증이 넘쳐납니다. 기도는 우리 고신교회의 힘의 원천이었습니다. 신사참배 반대로 투옥되어 모진 고통의 시간을 오직 기도로 이겨냈습니다. 고려신학교 초창기 선배들의 새벽기도 시간은 회개와 뜨거움과 간절함과 영혼의 찬송이 넘치는 시간이었습니다. 고신교회의 남다른 기도에 대한 열정은 때때로 염려의 대상이 되기도 했습니다. 고신교회를 방문한 네덜란드의 캄파위스(Kamphuis, 1921-2011) 교수는 한국의 자매교회가 너무 오랫동안 큰 소리로 기도하는 모습을 보고 의문을 갖기도 했습니다. 특히 통성기도를 보면서 매우 의아해 하였습니다. 우리 고신교회는 이렇게 오해를 받을 만큼 기도의 교회였습니다. 우리 교회는 기도를 은혜의 방편이라 고백합니다(대교리문답 154문).

기도는 성경의 핵심주제 중 하나입니다. 예수님께서는 제자들에게 주기도문을 가르치셨습니다. 이를 통해 교회가 어떻게, 무엇을 기도해야 할지를 배웁니다. 교회는 항상 하나님 나라의 확장을 위해 기도해야 합니다. 하늘 아버지의 이름이 거룩히 되는 것이 하나님 나라가 땅에 임하는 것입니다(마 6:9-13). 뿐만 아니라 예수님은 몇 가지 비유를 통하여 기도의 비밀을 알려주셨습니다. 강청하는 친구의 비유를 통해 하나님은 우리의 아버지가 되셔서 구하고 찾고 두드리는 이들에게 성령을 선물로 주실 분임을 계시하셨습니다(눅 11:5-13). 또한 과부와 불의한 재판관의 비유에서 하나님의 약속을 의지하여 낙심하지 말고 기도할 것을 말씀하셨습니다(눅 18:1-8). 주님도 친히 하늘 아버지의 영광을 위하여 자신이 이루어야 할 구속사역을 위해 기도하셨습니다(요 17장). 사도들은 구제사역에 봉사할 일꾼들을 뽑으면서 자신들은 오로지 기도하는 일과 말씀사역에 힘쓰겠다고 했습니다(행 6:4). 예루살렘교회는 사도의 가르침을 받아 서로 교제하고 떡을 떼며(성찬) 오로지 기도하기를 힘썼습니다(행 2:42). 이처럼 기도는 예배의 한 요소가 되었습니다.

고신교회 헌법은 예배지침 제8조 2항 '예배의 요소'에서 회개기도, 대표기도, 주님의 기도를 말합니다. 헌법해설에서는 설교 전의 기도와 설교 후의 기도에 대해서도 말합니다. 예배지침 11조에서는 대표기도에 대해 자세히 설명하면서 기도의 구체적 내용을 제시합니다. 하나님의 영광, 감사, 자복, 간구, 다른 사람을 위한 기도가 그것입니다. 대표기도는 우리의 예배지침에서 매우 중요한 위치를 차지합니다. 그래서 제13조에서 '목사가 예배를 인도하기 전에 설교를 준비하는 것과 같이 기도도 사전에 준비해야 된다'고 말합니다. 그러나 고신교회는 대체로 장로님들이 주일 공예배의 대표기도를 담당합니다.

대표기도는 모든 성도들을 대표하여 교회가 공적으로 행하는 기도이기에 개인적인 기도와는 확연히 다른 내용이어야 합니다. 동시에 '대표기도'라는 용어는 뚜렷한 한계를 갖고 있습니다. '대표'는 회중을 대신한다는 의미입니다. 기도의 내용이나 본질보다 형식을 기준으로 분류한 용어입니다. 그러다 보니 기도자의 역량에 따라 너무나 현격한 차이가 드러나는 안타까운 일이 자주 발생합니다. 기도가 설교처럼 되거나 개인적인 문제를 아뢰는 형식을 띠기도 합니다.

그래서 '대표기도'를 '목회기도'로 바꾸는 것을 제안합니다. 목회는 장로의 회(목사와 장로)인 당회가 하는 것이기에 목사와 장로가 기도하면 좋겠습니다. 목회기도라고 하면, 기도의 내용이 목회와 연관된 것이어야 하고, 전 기독교적 필요를 아뢰는 내용이 자연스럽게 포함될 수 있을 것입니다. 또한 우리 고신교회의 기도 방식을 좀 더 세밀히 검토해야 될 부분도 있습니다. 대표적으로 공적인 기도가 끝나면

뒤이어 항상 피아노 반주가 나오고 성도들은 다시 잠시 동안 개인적으로 간략하게 기도합니다. 이는 불필요한 부분입니다. 비록 한 분의 기도이지만 교회를 대신하여 최선을 다하는 기도에 함께 동참하고 아멘으로 화답했으면 그 기도에 더 이상 무언가 부족하거나 모자람이 없습니다. 그러므로 기도는 기도로써 완결된 하나의 순서여야 합니다. 반주를 하고, 덧붙여 성도 개인이 기도해야 될 이유가 없습니다. 대표기도는 개인의 기도가 아니지 않습니까!

Q. 십계명의 세 가지 기능이 무엇이며, 십계명이 왜 예배 중에 낭독되어야 할까요?

Q. '죄의 공적 고백'과 '사죄의 선언'이 필요한 이유는 무엇인가요?

Q. 대표기도보다 목회기도라는 용어가 왜 더 좋나요?

Q. 바른 기도를 고민함과 아울러 우리가 잊은 것은 없나요? 우리 신앙의 선배들이 보여준 기도의 모습에 우리 자신을 비추어 봅시다.

제4장
말씀의 봉사

제4장
말씀의 봉사

말씀을 읽고 듣는 복된 예배

어릴 적, 찬송가 뒤편 교독문이라는 제목의 성경구절들을 예배 중에 항상 읽었던 기억이 새롭습니다. 교독문 낭독은 주로 예배의 앞부분에 있었기 때문에 상당히 각성하여 읽었고 때때로 감동을 얻기도 했습니다. 그러나 이런 순서가 무엇 때문에 예배 가운데 있어야 하는지는 배우지도 못했고 궁금하게 생각하지도 못했습니다. 참 부끄러운 일입니다. 예배 중 성경봉독은 구약시대부터 내려온 오랜 전통입니다. 예배는 언약 갱신의 현장인데, 시내산에서 삼위 하나님과 자기 백성들이 언약을 맺을 때에 말씀을 낭독했습니다.

언약서를 가져다가 백성에게 낭독하여 듣게 하니(출 24:7).

바로 이런 이유 때문에 백성들은 늘 말씀을 읽고 듣는 일을 중요하게 생각했습니다.

이스라엘 왕은 율법을 복사해서 옆에 두고 항상 읽어야 했습니다(신 17:18-19). 제사장과 레위인들도 백성들에게 하나님의 율법을 정기적으로 낭독하였습니다(신 31:9-11). 선지자 예레미야도 여호와의 말씀을 백성들 앞에서 읽었습니다(렘 36:6, 8, 10). 유다 왕국이 멸망하고 칠십 년의 포로생활을 마감한 후 백성들이 본국으로 돌아왔습니다. 나팔절(유대력으로 7월 1일)에 에스라는 새벽부터 정오까지 율법책을 읽었고, 레위인들은 에스라가 읽은 율법을 풀어 설명하여 깨닫게 했습니다. 그러자 백성들은 눈물을 흘리며 울었습니다(느 8:1-9). 이처럼 성경을 읽는 것은 구약의 모든 직분자들의 공적 사역이었고 이를 통하여 영적 회복이 일어났습니다.

예수님께서도 이 전통을 존중하셨고 몸소 실천하셨습니다. 자라나신 곳인 나사렛에서 안식일에 회당에 들어가 이사야 성경을 읽으셨고 그 말씀이 성취되었다고 선포하셨습니다(눅 4:16-21). 바울은 비시디아 안디옥에서 안식일에 회당에서 율법과 선지자의 글을 읽었습니다(행 13:13-15). 뿐만 아니라 신약성경을 기록한 이들도 하나님의 계시를 받아 각 교회들에게 성경을 읽을 것을 권했습니다. 바울은 디모데에게 '내가 이를 때까지 읽는 것과 권하는 것과 가르치는 것에 전념하라'고 했습니다(딤전 4:13). 성령님께서는 사도 요한을 통하여 '이 예언의 말씀을 읽는 자와 듣는 자와 그 가운데서 기록한 것을 지키는 자는 복이 있나니'라고 했습니다(계 1:3).

바울이 디모데에게 한 권면은 개인적인 권면이 아닙니다. 디모데는 에베소교회의 목사였습니다. 그러하기에 목사가 공적인 예배 자리에서 성도들이 듣는 가운데 성경을 읽어야 될 것을 권면한 것입니다. 요한계시록 역시 마찬가집니다. 요한계시록은 아시아에 있는 일곱 교회에게 주신 계시입니다. 그래서 일곱 교회의 사자들에게 먼저 '편지한다'고 반복적으로 말씀하셨습니다(계 2-3장). 곧 일곱 교회에서 목회하는 목회자들에게 공적 예배의 자리에서 요한계시록을 읽으라고 명하였습니다. 이러한 이해는 요한계시록 1장 3절에서 읽는 자는 단수로, 듣고 지키는 자는 모두 복수

라는 사실을 통해 더욱 선명하게 드러납니다. 즉 공예배 중에 한 사람이 읽고, 여러 성도들이 들으며, 들은 그 성도들이 말씀을 지켜야 한다는 뜻입니다.

신약교회는 구약 백성들과 회당에서 이루어진 성경봉독의 전통을 더 발전시켰습니다. 유대인들은 구약을 율법과 선지자와 시편으로 나누었습니다. 교회 역사에서는 이러한 성경 구분을 존중하면서 신약성경을 읽는 전통을 새롭게 세웠습니다. 그래서 예배 중 성경봉독에 귀 기울이면 하나님의 구속 역사를 한 번에 알 수 있는 놀라운 은혜를 경험하게 되었습니다. 성경봉독은 설교 본문을 읽는 것과는 다릅니다. 성경이 계시의 책이기에 그 자체를 읽고 들음으로 부으시는 은혜가 있습니다. 종교개혁 시대를 지나면서 교회는 설교자가 성경을 봉독하는 역사를 이어갔습니다.

오늘날 어떤 교회는 성경봉독을 생략하기도 합니다. 이는 바람직하지 않습니다. 성경봉독은 설교와 더불어 말씀 중심 예배의 꽃입니다. 성경봉독 순서를 읽는 기술이 좋은 성도들에게 맡기는 경우도 종종 있습니다. 이는 매우 조심스러운 문제인데, 성경봉독은 읽기 기술이 좋은 사람이 아니라 말씀의 의미를 충분히 이해한 사람이 해야 됩니다. 물론 봉독의 기술이 중요하지 않다는 의미는 아닙니다. 이는 우선순위의 문제입니다. 될 수 있으면 설교자가 봉독하거나 온 회중이 함께 봉독하는 것도 고려해 볼만 합니다. 예배 중 성경봉독을 듣고 지키는 자들은 복됩니다.

생명과 사망을 선언하는 설교

강단, 곧 설교에 대한 강조는 아무리 지나쳐도 모자라지 않습니다. 예배에서 설교가 차지하는 비중은 말로 표현할 수 없을 정도로 큽니다. 목사에게 설교는 한평생 져야 할 짐이지만 동시에 그처럼 영광스러운 사역도 없습니다. 설교는 하나님의 말씀을 선포하는 일이기에 영생에 이르는 길을 제시해야 합니다. 그 말씀에 아멘으로 화답하는 자에게는 생명이 주어지지만 거부하는 자들은 영원한 형벌 가운데 있게 됩니다. 그러므로 설교는 하나님의 선택을 확증하는 최고의 순간입니다. 누가 택함받은 백성인지 모르는 상태에서 설교는 택한 백성과 버림받은 사람이 누구인지를 알아가는 중요한 과정입니다.

그래서 예수님은 승천하시기 전에 사도들에게 '내가 너희에게 분부한 모든 것을 가르쳐 지키게 하라'고 하셨습니다(마 28:20). 이 가르침이 설교사역의 원천입니다. 사도 바울도 에베소교회의 목회자인 디모데에게 '너는 말씀을 전파하라 때를 얻든지 못 얻든지 항상 힘쓰라'고 권면했습니다(딤후 4:2). 여기 '말씀을 전파하라'는 말씀은 길거리에 나가 이웃들에게 전도하라는 뜻이 아니라 언약 공동체의 구성원들에게 설교하라는 의미입니다. 물론 바울도 설교사역을 위해 자신의 목숨을 아끼지 않았습니다(고후 11:23-33). 이처럼 설교는 교회 건설의 근거이며 언약 공동체 안에서 누가 참 택함받은 백성인지를 구별하는 시금석입니다. 말씀이 흥왕한 곳에 주님의 교회가 세워졌습니다(행 6:7, 12:24, 19:20).

나아가 설교는 성도들을 살찌게 하는 신비로운 양식입니다. 위로가 필요한 성도에게 말씀은 진정한 위로이며, 책망이 필요한 성도에게는 삶을 변화시키는 원동력입니다. 성령 하나님께서는 바로 이 말씀 가운데 역사하십니다. 그러니 설교자는 한 편의 설교를 위해 모든 것을 쏟아부어야 합니다. 설교는 만담이 아닙니다. 설교는 상식을 전하는 상식책도 아닙니다. 설교는 윤리나 도덕을 가르치는 교훈도 아닙니다. 설교자의 교재는 오직 성경입니다. 바울이 디모데

목사에게 한 권면은 '말씀을' 전파하라 입니다. 곧 설교자는 다른 것을 설교하면 안 됩니다. 설교자는 오직 '말씀만' 전해야 합니다.

우리는 성경 자체가 성경에 대해 가르치는 대로 설교해야 합니다. 설교자가 이 부분을 명확하게 이해하지 못하면 안 됩니다. 성경은 설교자가 전해야 될 말씀의 요지가 무엇인지 선명히 가르칩니다. 말씀, 곧 성경은 영생의 책이며 예수 그리스도가 중심입니다(요 5:39, 17:3). 영생의 비밀, 곧 그리스도의 오심과 사역을 선지자들을 통하여 여러 번, 여러 가지 모양과 방법으로, 그리고 최종적으로 예수 그리스도를 통하여 자기 백성들에게 알리셨습니다(히 1:1-2). 그러므로 성경이 완성된 이후에는 특별계시가 없습니다. 그래서 설교자는 오직 성경만을 들고 나가 교훈, 곧 건강한 교의와 책망과 바르게 함과 의로 교육해야 합니다(딤후 3:16).

설교는 반드시 해석 과정을 필요로 합니다. 교회 역사는 바른 성경해석을 위해 수많은 회의를 거듭했습니다. 심지어 격렬한 논쟁을 마다하지 않았습니다. 웨스트민스터 신앙고백서는 성경해석의 대원칙을 제시합니다. '성경을 해석하는 정확무오한 법칙은 성경 자체이다. 그러므로 어떤 구절의 참되고 완전한 의미에 대하여 의문이 있다면, 보다 분명하게 말하는 다른 구절을 가지고 살피고 깨달아야 한다'(웨신 제1장 9절). 개혁주의신학은 이를 다양한 방식으로 표현했습니다. 계시 역사, 언약사, 하나님 나라, 구원 역사. 바로 이러한 관점으로 설교해야 합니다.

이러한 설교의 자리에 어떻게 자격을 갖추지 않은 사람을 세울 수 있습니까! 생명과 사망이 선포되는 현장에 연예인을 세우고, 세상의 유명한 인사를 세우고, 심지어 우리의 고백과는 전혀 다른 사상을 가진 사람들을 세울 수 있습니까! 개혁신학에서 먼 설교자를 강단에 세우는 일은 거룩한 하나님의 백성들에게 독을 제공하는 것과 같습니다. 초대교회에도 사도들의 허락 없이 안디옥교회에서 거짓 복음을 전하며 성도들의 마음을 유혹한 자들이 있었습니다(행 15:1, 24). 당회는 이런 자들을 우리 고신교회의 강단에 절대로 세워서는 안 됩니다.

Q. 구약시대와 사도시대, 그리고 사도시대 이후로 성경봉독의 역사는 어떠했나요?

Q. 누가 성경을 봉독하기에 가장 좋을지, 성경봉독과 설교는 무엇이 같고 무엇이 다를까요?

Q. 설교자는 오직 성경만을 설교해야 하되, 여기에는 해석이 전제됩니다. 성경해석의 기준을 무엇인가요?

Q. 설교 순서를 간증으로 대체하거나 다른 프로그램 때문에 설교 시간을 대폭 줄이는 모습을 우리는 어떻게 바라보면 좋을까요?

제5장
성례

세례를 세례답게

예배는 삼위 하나님과 자기 백성의 언약 맺음의 현장입니다. 이 언약 맺음은 우리 주 그리스도께서 완성하신 새 언약의 재현입니다. 그러므로 예배는 삼위 하나님께서 자기 백성에게 베푸신 놀라운 구원의 은혜를 다시 한 번 기억하고, 감사하며 누리는 시간입니다. 이러한 예배에 세례는 그리스도께서 완성하신 언약의 복이 어떻게 그 백성들에게 주어지는지를 드러내는 표입니다. 성경은 '모세에게 속하여 다 구름과 바다에서 세례를 받고'라고 했습니다(고전 10:2). 출애굽 사건은 성경 자체가 세례를 설명하는 가장 훌륭한 재료입니다. 언약 백성들은 대적 바로의 공격으로부터 보호 받았고, 홍해를 건넘으로 생명을 얻었습니다. 대적 바로와 그의 군대는 언약 백성들의 머리털 하나도 손상시킬 수 없었고, 오히려 홍해 깊은 바다에 수장되었습니다. 그러므로 세례는 사탄의 권세로부터 해방되어 영원한 생명을 얻은 표입니다.

신약성경은 세례의 의미를 그리스도와 연결하여 계시했습니다. 교회는 손으로 하지 않은 할례를 받았는데, 바로 그리스도의 할례입니다. 그리스도의 할례는 다름 아니라 그리스도와 함께 죽고 부활하는 것입니다(골 2:11-12). 바울은 로마에 있는 교회에게 이와 동일한 가르침을 주었습니다. 교회는 그리스도 예수와 합하여 세례를 받았고, 그의 죽으심과 합하여 세례를 받음으로 아버지의 영광으로 말미암아 그리스도가 부활한 것처럼 교회도 새 생명 가운데 행하게 됩니다(롬 6:3-4). 더불어 한 성령으로 세례를 받기에 교회의 하나 됨을 강조합니다. 유대인이나 헬라인이나 종이나 자유자나 한 몸입니다(고전 12:13). 이렇듯 세례는 그리스도와 연합하여 새 생명을 얻었고, 한 몸 된 교회의 일원임을 확증하는 도장(印)입니다.

성경의 이러한 가르침을 요약하여 고백서는 세례와 성찬은 예수 그리스도께서 제정하신 성례라 가르칩니다(웨스트민스터 신앙고백 27장 4절). 뿐만 아니라 우리 교리문답은 '세례는 성부와 성자와 성령의 이름으로 물로써 씻는 성례인데, 이로써 우리가 그리스도에게 접붙여짐과 은혜언약의 모든 은덕에 참여함과 우리가 주님의 소유가 되기로 약속함을 표하며 인치는 것입니다'고 가르칩니다(소요리문답 94문, 참고 대요리문답 165문). 칼뱅 선생은 세례가 우리의 모든 죄가 사라지고 깨끗하게 되었다는 표와 인이며, 그리스도 안에서 우리가 죽는 것과 그분 안에서 새 생명을 얻는 것을 알려주고, 그리스도의 죽음과 생명에 접붙여지고 연합하여 그의 모든 축복을 나눈다는 확실한 증거라 했습니다(『기독교강요』, 4권, 15장).

그래서 고신 교회법은 세례를 베풀기 전에 '당회는 충분한 문답으로 신앙고백을 받아야 한다'라고 말합니다(예배지침, 제5장, 20조, 4). 이처럼 세례는 신앙고백의 확인 없이 이루어질 수 없습니다. 그것도 '당회의 충분한 문답으로'말입니다. 고신교회의 예배지침은 세례가 얼마나 신중하게 이루어져야 하는지를 잘 알려줍니다. 바로 이면에서 신앙고백과 세례는 떨어질 수 없는 관계를 갖습니다. 확실한 고백 없는 세례는 있을 수 없습니다. 주님은 승천 직전, 교회 건설의 두 기둥으로 세례와 말씀의 가르침을 명령했습니다 (마 28:18-20). 말씀의 교육 없이 주어지는 세례는 세례의 타락을 가져옵니다. 고대교회는 세례받는 이들의 진실한 고백을 확인하는 차원에서 직업을 포기하도록 권유했습니다. 그래서 검투사, 포주, 연극하는 이들이 세례를 받기 위해 자신의 직업을 포기했습니다. 이는 진정한 고백의 표입니다. 우리 고신교회의 세례는 어떠합니까?

우리의 예배지침이 말하는 '당회'와 '충분한 문답으로'라는 표현은, 세례가 지역교회를 통하여 이루어짐을 가르칩니다. 이 면에서 세례가 예배의 중요한 한 요소이며, 지역교회 안에서 이루어짐을 명확히 했습니다. 세례에 대한 이와 같은 이해는 우리 고신교회의 세례 베풂에 대한 점검을 요구합니다. 특별히 군의 훈련소에서 집단으로 행해지는 세례의 비성경적 요소와 위험성을 강력히 경고합니다. 진중 세례에는 '당회의 충분한 문답'을 찾을 수 없습니다. 예수님의 명령인 '모든 것을 가르치라'는 명령도 가볍게 여깁니다. 군에서의 복음전파는 후퇴할 수 없는 명령입니다. 그러나 이것도 주님이 제시한 원리를 따라야 합니다.

유아세례의 실질을 강화시키는 예배

장로교인들 중에 종종 유아세례가 비성경적이라고 생각하는 사람들이 있습니다. 심지어 장로교 목사로 봉사하면서 유아세례를 부정하는 분들도 있습니다. 우리 고백서는 '유아도 세례를 받을 수 있다'라고 가르칩니다(웨스트민스터 신앙고백, 28장, 4절). 유아세례를 부정하는 이들이 교회 가운데 있는 것도 문제지만 이보다 더 우려스럽고 심각한 일은 유아세례를 베푼 부모들과 교회가 자녀에 대한 의무를 소홀히 하는 것입니다. 유아세례를 반대하는 이들의 논지는 아주 간단합니다. 세례는 확고한 신앙고백에 기초하기에 어린아이는 신앙고백을 할 수 없다는 이유 때문입니다. 이러한 주장이 일견 설득력 있어 보입니다. 그러나 이러한 주장은 유아세례가 갖는 의미를 바르게 이해하지 못했기 때문에 나타나는 현상입니다.

하나님께서는 아브라함에게 민족, 땅, 복의 근원이 될 것임을 약속하셨습니다(창 12:1-3). 그의 나이 구십구세에 하나님께서 다시 한 번 언약을 이루겠다고 강조하셨습니다(창

17:1). 약속의 확실성을 담보하기 위해 하나님께서는 아브라함에게 할례를 행할 것을 명령하셨습니다. 그리하여 아브라함의 집에 있는 모든 남자, 곧 집에서 태어난 자들뿐만 아니라 돈으로 산 자들도 할례의 대상이 되었습니다. 두말할 필요 없이 유아들도 포함되었습니다. 난 지 팔일 된 아들에게도 할례를 행해야 했습니다(창 17:12). 할례는 약속을 이루실 하나님을 신뢰하는 표입니다. 그렇다면, 난 지 팔일 된 아이에게 할례를 행하는 이유는 무엇입니까? 이 아이가 하나님의 약속을 신뢰한다는 고백을 할 수 없지 않습니까? 이는 삼위 하나님의 약속을 신뢰하는 부모의 믿음입니다. 하나님께서 언약의 표를 지닌 자녀를, 섭리 가운데서 복음의 비밀을 깨닫게 하시리라는 믿음의 표입니다. 동시에 부모는 자녀를 언약의 자녀로 양육할 것을 확증하는 징표입니다. 이러한 이유로 어린 자녀들도 언제나 언약 백성 가운데 한 자리를 차지했습니다(신 29:10-13).

그림자인 할례는 예수 그리스도를 통하여 세례 속에 고스란히 담겨졌습니다(골 2:11-12). 그리스도는 자기 백성을 위하여 기꺼이 죽음의 세례를 받으셨습니다(막 10:38). 그리스도 예수와 합하여 세례를 받은 우리는 그의 죽으심과 합하여 세례를 받습니다(롬 6:3). 세례는 삼위 하나님 자신을 주심입니다. 오순절 성령 강림 때에 사도 베드로는 '세례를 받고 죄 사함을 받으라'고 한 후에 '이 약속은 너희와 너희 자녀와'라고 했습니다(행 2:38-39). 그러므로 언약의 자녀들은 반드시 세례를 받아야 합니다.

당회는 유아들의 세례를 미루어서는 안 됩니다. 부모가 출산하여 어느 정도 건강을 회복하면, 즉시 세례를 베풀어야 합니다. 세례가 행해지는 예배는 하나님의 선택이 확증되는 시간이며, 언약을 완성하신 그리스도의 사역이 재현되는 현장입니다. 그러니 자녀에게 세례를 베푼 그날이 생일보다 더 값지고 고귀한 날로 기억되게 해야 합니다. 또한 예배는 예배하는 시간에 제한되지 않습니다. 반드시 예배자의 삶이 따라야 합니다. 예배와 예배자의 삶에 간격이 생기지 않게 해야 됩니다. 예배는 언제나 예배자의 삶에서 열매를 맺어야 합니다.

부모는 이렇게 세례를 받은 자녀들에 대하여 성경을 따라 양육할 무한책임을 집니다. 자녀들과 더불어 말씀을 읽고, 기도해야 합니다. 자녀들에게 구원의 복음을 소개하고, 성경 읽는 법을 가르쳐야 하며, 죄를 멀리하며 사는 법을 가르쳐야 합니다. 자녀와 더불어 교회 중심의 삶을 살아야 하고, 함께 공적 예배에 부지런히 참여해야 합니다. 그리하여 자녀들이 예배자로서 반듯하게 세워지도록 해야 합니다. 더 나아가 성경적 세계관을 지니도록 교육해야 합니다. 이는 필연적으로 가정과 교회생활에 만족하지 않고 교육의 현장에서도 언약교육이 이루어지게 해야 합니다. 그러므로 부모는 기독교 학교를 건립해야 합니다. 이를 통하여 언약 백성들이 세상을 어떻게 보고 이해해야 하는지를 가르쳐야 합니다. 세속에 물들지 않는 자녀로 교육하는 것을 넘어, 하나님 나라의 현장으로서의 세상을 개조할 수 있는 인격체가 되게 해야 합니다. 당회는 유아세례를 받은 부모가 이 모든 일을 어떻게 감당하고 있는지 감독해야 합니다.

성찬, 예배의 절정

예배는 하나님께서 자기 백성에게 행하신 구원을 재현하는 현장입니다. 그 구원의 사건이 성찬을 통하여 절정에 이릅니다. 이렇듯 성찬은 말씀과 더불어 하나님께서 교회에게 베푸신 은혜의 방편입니다. 이 은혜의 방편들은 우리의 믿음을 강화시키고 교회와 세상에서 사명을 감당케 합니다. 그래서 성경은 성찬을 기념하라고 했습니다. 유월절 잔치에서 주님은 제자들에게 떡을 떼어 주시면서 나를 '기념하라'고 하셨고 사도 바울도 동일하게 가르치셨습니다(눅 22:19, 고전 11:24-25). 여기 '기념하라'는 말씀은 기억하여 실체를 누림입니다. 히브리서 10장 3절은 같은 기념하라는 단어를 '기억하라'로 번역했습니다. 곧 제사들은 죄를 기억나게 만듭니다. 이처럼 성찬은 주님의 구속역사를 기억나게 만들며 누리고 즐깁니다.

떡과 포도주는 표(Sign)와 인(印)입니다. 떡과 포도주 자체에는 능력이 없습니다. 로마가톨릭처럼 재료를 거룩히 여기는 행위는 미신입니다. 종교개혁자들은 생명을 걸고 로마가톨릭의 미사를 거부했습니다. 광야의 백성들에게 만나가 양식이듯이 떡은 주님의 몸으로 자기 백성들의 생명의 양식입니다. 신자가 성찬의 떡을 먹음으로 주님을 먹고 마십니다. 그리하여 영생을 소유한 것을 즐깁니다. 시내산 언약에서 짐승의 피는 약속의 증표였습니다(출 24:8). 그리스도의 피도 언약의 피입니다. 주님의 피 흘림은 많은 백성들의 죄를 씻었습니다(히 9:22-28). 우리는 표를 숭배하지 않고, 그 표가 지목하는 내용을 믿으며 누립니다.

그래서 동방교회는 성찬을 '신비'(μυστήριον)라 했고, 서방교회는 이를 '비밀'(Sacramentum)이라고 했습니다. 한글성경에서는 이를 비밀, 신비, 감추어진 것으로 번역했습니다. 동방과 서방이 각각의 언어로 표현했지만 그 의미는 동일하며, 강조의 차이뿐입니다. 숨겨진 것이 드러났는데, 이는 언약의 완성이신 그리스도를 말합니다. 다만 서방교회가 '사크라멘툼'이라는 용어를 사용함으로 '충성 서약'이라는 의미를 부각시켰습니다. 아무튼 떡과 포도주가 전달하는 내용을 믿고 즐길 수 있어야 됩니다. 곧 영생의 복을 누리며, 죄 사함의 기쁨으로 부활하신 주님과 교제하며, 완전한 하나님 나라에서 더 풍성히 누릴 삼위 하나님과의 교제를 미리 맛보는 것입니다.

예배의 절정인 성찬에 대한 예식문조차 미미한 것이 우리의 형편입니다. 종교개혁자들은 예전을 개혁했습니다. 우리 고신교회도 종교개혁자들의 후손들이 아닙니까. 이제 성찬의 풍요로움을 마음껏 즐길 예식문을 만들어야 합니다. 여러 종류의 예식문을 통해 하나 된 교회의 모습을 회복하며 주님의 몸을 먹고 마심으로 그분과 연합한 신부의 환희가 넘치게 합시다.

교회는 성찬을 나눔으로 공교회가 됩니다. 이를 다르게 이해하면 성찬이 없으면 진정한 의미의 교회가 되지 못합니다. 고린도전서 11장은 교회와 성찬을 동의어로 사용했습니다. 18절에서 '교회에 모일 때에'라는 말씀은 '교회에 함께 모일 때에'라는 의미입니다. 이어 20절의 '함께 모여서 주의 만찬을 먹을 수 없으니'라는 말씀은 성찬을 먹기 위해 '교회로 함께 모인다'는 의미입니다. 교회로 함께 모이는 것과 성찬을 위해 함께 모이는 것은 같은 내용을 말합니다. 곧, 함께 모이는데, 교회로 모이고 성찬을 위해 모입니다. 교회와 성찬을 교차로 썼습니다. 그러므로 공교회는 마땅히 성찬이 시행되어야 하며, 성찬이 시행됨으로 공교회가 됩니다.

그러니 교회가 아닌 곳에서 성찬을 행하면 안 됩니다. 신학교, 연합집회, 학생신앙운동 수련회에서도 성찬을 행할 수 없습니다. 한 지역교회의 남전도회나 여전도회에서도 성찬을 나눌 수 없습니다. 하물며 한 구역(혹은 목장)에서는 더더욱 아닙니다. 종종 선교단체에서 성찬을 나눈다는 소식을 듣습니다. 이는 거룩한 하나님의 식탁을 모욕하는 행위입니다. 선교지에서 일어나는 자유로운 성찬을 경계해야 합니다. 나는 선교사들의 친교 모임에서 성찬을 나누는 것을 목격하기도 했습니다. 이는 주님이 제정하신 거룩한 예식과 주님의 피 흘림을 통해 만드신 공교회를 무너뜨리는 행위입니다. 우리의 예배가 성찬이 주는 환희로 가득하게 합시다. 순교정신과 순결한 삶을 선배들로부터 물려받았으니 그에 더해 온전한 예배를 전수하는 고신교회가 됩시다.

풍성한 성찬교육으로 구원의 복을 누리는 예배

1538년 4월 25일, 세 명의 프랑스인 목사가 제네바를 떠났습니다. 부활절 주일을 한 사람은 감옥에서, 다른 두 사람은 성찬을 시행하지 않은 예배를 드렸습니다. 시의회로부터 추방 통보를 받고 떠난 사람들은 쿠롤(Elie Courault), 파렐(Guillaume Farel, 1489-1565), 그리고 칼뱅(John Calvin, 1509-1564)이었습니다. 칼뱅은 제네바 시의회에 일 년 전부터 몇 가지 중요한 요구를 했습니다. 매주일 성찬 시행, 교회의 출교권 행사, 시편 찬송 부르기, 자녀들을 위한 교리교육이었습니다. 시편 찬송 부르기와 자녀들의 교리교육은 쉽게 의회에 받아들여졌습니다. 그러나 매주일 성찬 시행과 교회의 출교 권한 행사는 거센 반발을 일으켰습니다. 시의회가 행사하던 권한을 달라고 하니 좋아할리 만무했습니다.

칼뱅이 매주일 성찬을 요구하면서 동시에 출교 권한을 시 정부가 아니라 교회의 당회가 가져야 된다는 주장을 하자 시의회는 그를 추방해 버렸습니다. 선생이 잦은 성찬 시행과 출교 권한을 연계시켜 주장한 데에는 그만한 이유가 있었습니다. 말씀의 터 위에 교회를 세우기 위해 성례를 순수하게 집행하는 것이야말로 가장 요긴한 문제였기 때문입니다. 성찬을 보호하려면 권징의 권한을 교회가 가져야 했습니다. 정당한 권징의 집행은 성례를 보호하는 가장 확실한 수단이었습니다. 마태복음 18장의 상호견책과 증인이 참여한 권면, 그리고 교회에 말하라고 표현된 열쇠권의 사용은 성례 보호의 중요한 절차입니다. 권징은 주님의 거룩한 상(床)에 악한 자들이 가까이할 수 없도록 하는 가장 안전한 방법이었습니다. 이렇듯 개혁자들은 주님의 상을 지키기 위해 육신의 평안을 거부했습니다.

웨스트민스터 신앙고백은 '교역과 말씀과 하나님의 규례'를 주심으로 세상 끝 날까지 성도들을 모으고 보호하려 하셨다고 가르칩니다(웨신 25장3절). 교역은 직분을 의미하고 규례는 성례, 곧 세례와 성찬을 말합니다. 대교리문답은 말씀과 성례와 기도가 은혜의 방편이라 했습니다(대 154문).

성찬은 말씀, 기도와 더불어 은혜의 방편입니다. 은혜의 방편이란 말은 하나님께서 은혜를 베푸시는 도구라는 뜻입니다. 곧 교회와 성도들은 말씀과 성례와 기도를 통하여 하나님의 은혜를 누립니다. 그래서 교회는 하나님의 은혜를 풍성히 누리기 위해 매주일 예배를 드리고 그 예배 가운데 말씀 듣기를 즐겨합니다. 예배 가운데 기도의 시간이 있는 이유도 여기에 있습니다.

심지어 주일 공예배서에서만 말씀을 듣는 것이 아니라 매일 새벽마다 말씀을 듣고, 저녁마다 잠자리에 들기 전에 성경을 읽습니다. 어디 그뿐입니까. 직장으로 출근하는 승용차 안에서 좋은 목소리의 성우가 읽어주는 성경을 듣습니다. 기도도 마찬가집니다. 새벽에 기도하고, 빽빽한 지하철 안에서, 흔들리는 시내버스 안에서 기도합니다. 집에 돌아와 한밤중에 기도합니다. 우리는 이미 은혜의 방편을 너무나 잘 사용하고 있습니다. 그런데 성찬은 어떠합니까? 은혜의 방편이면 할 수만 있으면 많이 해야 되지 않습니까! 말씀과 기도는 그렇게 자주하면서 성찬은 왜 일 년에 두 번 혹은 세 번인가요? 종교개혁자들이 성찬을 매주일 행해야 한다고 주장한 이유가 이것 때문입니다. 은혜의 방편을 자주 사용하여 풍성한 은혜를 누리는 고신교회가 됩시다.

매주일 성찬이(적어도 한 달에 한 번) 이루어지려면 성찬교육이 반드시 선행되어야 합니다. 이는 설교를 바르게 이해하기 위해 성경 강의를 수없이 많이 듣도록 하는 것과 같습니다. 그래서 고신교회의 자매교회들은 성찬을 앞두고 장로의 심방이 반드시 이루어집니다. 심방을 통하여 성도들이 성찬에 합당하게 참여하도록 돕기 위해서입니다. 매주일의 성찬 시행은 교육이 선행되지 않으면 무용지물입니다.

성찬교육은 세례교육과 더불어 마땅히 당회가 져야 할 짐입니다. 감사하게도 우리의 고백서인 대교리문답은 성찬에 대해 아주 구체적으로 가르칩니다(168문–175문). 성찬이 무엇인지, 성찬과 관련된 주님의 명령이 무엇인지, 성찬에 참여하기 전에 자신을 어떻게 준비해야 하는지, 어떤 이들을 성찬 참여에서 제외할 것인지, 성찬을 받은 후에 성도들이 해야 할 의무는 무엇인지. 이 모든 것들을 아주 세밀히 안내합니다. 풍성한 성찬교육은 풍성한 은혜를 누리게 합니다.

Q. 세례의 의미는 무엇인가요? 고대교회에서는 세례를 받기 위해 직업을 포기하기도 했습니다. 우리에게 세례는 고백의 표로써 어떤 의미가 있나요?

Q. 유아세례가 왜 합당한지, 유아세례에서 드러나는 하나님의 은혜는 무엇인가요?

Q. 유아세례를 받은 자녀의 부모들에게는 어떤 언약적 책임이 주어지나요?

Q. 성찬에서 우리는 무엇을 기억하고 누리나요? 성찬예식의 합당한 요소와 순서를 고민해 봅시다.

Q. 성찬은 성도들을 모으고 보호하는 방편이며 동시에 은혜의 방편입니다. 우리가 이 성찬을 얼마나 자주 시행해야 옳을까요?

제6장
헌금과 강복선언

제6장
헌금과 강복선언

설교와 물질의 복, 그리고 헌금기도

많은 사람들이 한국교회의 위기를 말합니다. 무엇이 위기인가에 대한 생각은 각기 다릅니다. 어떤 이들은 지도자들의 타락과 도덕 불감증을, 다른 이들은 교회의 세속화를, 혹은 척박해지기만 하는 전도 환경과 안티 기독교인들의 저항을 꼽는 이들도 있습니다. 이러한 염려들은 우리 모두가 새겨야 할 권고입니다. 하지만 이보다 더 근본적인 위기는 말씀의 왜곡입니다. 교회가 하나님의 계시인 성경의 가르침을 바르게 전하지 않는 것이야말로 위기의 가장 큰 원인입니다. 곧 설교자의 위기는 교회의 위기입니다.

설교자의 문제는 비단 설교자의 문제로 끝나지 않습니다. 설교자는 예배를 인도하는 분이기에 필연적으로 예배에도 문제가 생깁니다. 특히 물질의 복과 관련된 설교는 물질만능주의를 낳았고, 부(富)를 하나님의 축복이라 말하는 번영신학의 터가 되었습니다. 예배에서 헌금을 드리는 시간은 하나님의 복을 요청하는 행위로 인식되었습니다. 과연 성경은 물질의 풍요를 하나님께서 베푸신 복 받음의 증거로 말합니까? 일견 그러한 이해가 가능한 것처럼 보입니다. 아브라함은 집에서 기른 318명의 종들을 거느리고 있었고, 야곱은 지팡이 하나를 들고 외삼촌에게로 갔으나 돌아올 때, 두 떼의 짐승을 둔 거부가 되었습니다(창 32:10). 욥은 엄청난 가축을 기르는 유명한 기업가였습니다. 사탄조차도 그의 부가 하나님께서 베푸신 것임을 알았습니다(욥 1:10).

신명기 28장은 하나님께서 자기 백성들에게 베푸실 복을 소개합니다. 곧 언약 백성들이 하나님과 맺은 언약을 충실히 지킬 때에 받을 복을 나열합니다. 백성들은 모든 민족 위에 뛰어날 것이며, 성읍과 들에서 복을 받습니다. 떡 반죽 그릇이 복을 받을 것이고, 대적들은 결코 언약의 백성들을 넘볼 수 없습니다. 자녀가 많고 육축과 토지의 생산물이 많

100

기독교 사용 설명서 7 공예배

을 것입니다. 백성들은 민족들 가운데 머리가 되며 꼬리가 되지 않을 것입니다(신 28:1-14). 눈에 보이고 만질 수 있는 물질적 축복은 우리 눈에 아주 매력 있게 보입니다. 사람이라면 누구나 얻고 싶은 것들입니다. 이렇게 보면 부자가 되는 것이 하나님의 축복처럼 보이기도 합니다. 과연 그러한가요?

구약에서 언약의 복은 늘 물질의 풍요로 표현되었습니다. 그러나 신약에서 언약의 복은 삼위 하나님 자신과 하나님 나라입니다. 영생입니다. 이는 율법과 같은 원리로 이해되어야 합니다. 율법은 예수님과 하나님 나라를 지향합니다. 바리새인과 서기관들, 그리고 장로들은 율법이 무엇을 말하는지 이해하지 못했습니다(요 5:45-47). 그러니 예수님께서 그리스도이심을 믿지 못했습니다. 마찬가지로 구약의 물질적 축복은 하나님 나라를 가르치는 상징물입니다. 토지소산에 대한 복, 자녀에 대한 복, 오래 사는 복, 이 모든 것들은 그림자입니다. 곧 물질의 풍요로움 자체가 목적이 아니었습니다. 땅 위의 백성들에게 땅 위의 소재로 신령한 하늘나라를 설명한 것입니다.

구약성경에 기록된 수많은 물질적 풍요는 실체이신 그

리스도를 통하여 이루어질 하나님 나라와 교회를 설명하는 도구입니다. 마치 제사제도가 그리스도를 통하여 이루어질 죄 사함과 구속을 보여주는 그림자이듯이 말입니다(히 8:5). 가나안 정복과 그 땅에서의 풍요는 원수 사탄의 정복과 그 이후에 주어지는 하나님 나라의 풍요를 지향합니다. 그러니 그림자와 모형은 실재와 원형을 통해 그 의미가 명료해집니다. 물질은 하나님 나라의 원리를 실천하는 도구입니다.

예수님은 심령이 가난한 자와 의에 주리고 목마른 자가 복되다 하셨습니다. 일용할 양식으로 만족한 삶을 주문하셨습니다. 무엇을 입을까 무엇을 마실까 염려하지 말라고 하시면서 이런 것들을 위해 기도하지 말라고 하셨습니다. 의식주와 관련된 요청은 이방인들이 구하는 것이라 하셨습니다. 그래서 주님은 부자 청년에게 모든 재산을 팔아 가난한 이들에게 주라고 하셨습니다. 더 이상 물질의 복이 아니라 하나님 나라와 영생을 소유한 복을 말해야 합니다. 예배중 헌금을 드리는 시간은 바로 삼위 하나님이 우리의 기업이심을 고백하는 시간입니다. 헌금한 이들의 이름을 긴 시간 동안 부르며 복을 기원하는 것보다 한 치라도 주님의 소유가 아닌 것이 없음을 고백하는 성도들이 되도록 기도합시다. 그리하여 헌금 시간이 교회의 본질을 드러내는 시간이 되게 합시다.

예배에서 사라져 가는 헌금 시간

어릴 적 필자가 다닌 시골 예배당은 나무 바닥이었습니다. 주일학교 시간에 부모님께서 주신 동전으로 장난을 치다가 바닥 사이로 동전이 쏙 들어가 떨어지는 소리와 함께 필자의 심장도 멈춘 적이 한두 번이 아닙니다. 헌금을 한 주일 못했으니 점수가 깎이는 것은 물론이거니와 헌금을 못함으로 밀려오는 죄책감은 또 얼마나 큰지…, 하루는 교회의 형들과 친구들이 함께 잃어버린 동전을 찾기 위해 예배당 바닥 환기구를 뚫고 들어가기도 했습니다. 필자에게 헌금 시간은 연말 시상을 위한 성적표였고, 예배에서 빠질 수 없는 절차였습니다.

헌금을 흔히 예물이라 말합니다. 누가복음 21장 4절에서 한글성경은 과부가 바친 것을 '헌금'이라고 번역 했는데, 직역하면 '예물'입니다. 이를 통해 헌금이 구약의 제사 제물과 직접적으로 연관된 것을 알 수 있습니다. 제사에 사용된 짐승과 곡식(소제), 그리고 십일조와도 직접적으로 연관된 헌금은 신약성경에서 그 의미가 더욱 풍성해졌습니다. 예수님은 구약 제사와 제물, 그리고 십일조의 의미까지 완성하셨습니다. 주님 자신을 제물로 단번에 드림으로 하나님과 자기 백성의 관계를 화목케 하셨고, 백성들의 죄를 제거하셨으며, 모든 주의 백성들이 한 몸 되게 하셨습니다. 이러한 주님의 공로가 성도들이 드리는 헌금의 근거가 되었습니다.

주님의 공로가 헌금의 바닥에 깔린 정신임과 동시에 신약성경은 더 풍성한 의미를 가르칩니다. 예루살렘교회가 흉년으로 큰 어려움에 처했을 때, 안디옥교회가 부조를 했습니다. 이때 '부조'라는 말은 '봉사' 혹은 '공궤'라는 뜻입니다(행 11:29). 고린도전서 16장 1절에서는 '연보'라고 했는데, 이는 '모으다'라는 의미를 지닌 단어입니다. 곧 주일에 연보를 했습니다. 주일 공예배를 통하여 헌금을 드렸다는 의미입니다. 한 몸 된 연약한 형제들을 위한 헌금은 복이며 성실히 행해야 할 마땅한 의무입니다(고후 9:5,11). 그래서 헌금을 자비의 사역이라 부릅니다. 이러한 자비의 사역은 이스라엘의 약자에 대한 공궤로부터 왔습니다. 우리 하나님은 고아와 과부를 위하여 신원하는 분이십니다(신 10:18).

그래서 헌금은 교회의 본질을 드러내는 최고의 방편 중

하나입니다. 오순절 성령 강림의 결과로 예루살렘교회는 헌금을 통하여 유무상통하였습니다(행 2:44-45). 모든 물질이 주님으로부터 주어졌고, 한 치라도 주님의 소유가 아닌 것이 없으니 하나님의 것으로 나누어 쓰는 것이 한 가족 된 표였습니다. 사도 바울은 이 원리를 고린도교회에 풍성히 가르쳤습니다. 바울은 이를 만나로 설명했습니다. 만나를 많이 거둔 자도 남지 않았고 적게 거둔 자도 모자라지 않았습니다(고후 8:15). 헌금을 형제들의 필요를 따라 나누어 쓰는 일은 진정한 교제이기도 합니다. 실제로 바울은 헌금의 나눔을 교제라 표현했습니다(고후 8:4). 이렇듯 헌금은 교회가 하나님의 새로운 가족이요, 한 몸이며, 진정한 교제를 이루는 방편입니다. 그래서 예배 중에 헌금을 드리는 성도들은 마땅히 한 교회 됨을 누리며 즐깁니다.

예배 중 헌금 주머니를 돌리는 모습이 점점 사라지고 있습니다. 어떤 교회는 헌금함을 만들어 예배당 입구에 둡니다. 헌금 주머니를 돌리면서 소요되는 시간을 최대한 줄이자는 의도로 읽힙니다. 어떤 분들은 헌금 주머니를 돌림으로 헌금을 할 수 없는 이들이 받을 상처를 걱정합니다. 우리는 이러한 염려를 진지하게 받아야 합니다. 헌금 주머니에 헌금을 드릴 수 없는 성도가 있다는 것은 교회가 자비의 사역을 세밀히 해야 되는 것을 역설적으로 보여줍니다.

시간의 절약이나 연약한 성도들의 마음을 헤아리는 것이나 모두 이해되는 측면이 있습니다. 그러나 예배 중 헌금 주머니를 돌리는 것에는 큰 의미가 있습니다. 우리의 삶이 그리스도의 은혜로 살아감을 기억나게 만듭니다. 헌금 시간은 우리에게 주어진 모든 물질이 주님의 것이므로 한 치라도 내 것이 아님을 고백하는 현장입니다. 함께 예배하는 성도들이 그리스도의 피로 맺어진 형제들임을 배웁니다. 다소 시간이 소요되더라도 우단(羽緞)으로 만든 자주색 헌금 주머니를 돌림으로 헌금 시간이 그리스도의 은혜와 교회의 본질을 되새기는 시간이 되게 합시다.

언약의 복으로의 초대, 강복선언

'주 예수 그리스도의 은혜와 하나님의 사랑과 성령의 교통하심이 너희 무리와 함께 있을지어다'(고후 13:13). 흔히 축도로 불리는 이 구절은 일종의 예배 마침의 표(Sign)처럼 이해됩니다. 목사의 축도가 시작되면 성도들은 고개를 숙이고 눈을 감습니다. 축도가 끝나는 순간 찬양대의 찬송이 울려 퍼지고 모든 성도들은 일제히 일어나 각자의 영역으로 돌아갑니다. 너무나 익숙한 모습입니다. 예배의 마지막 순서를 '축도'라고 부르는 데는 이유가 있습니다. 그것이 축복을 기원하는 기도처럼 이해되기 때문입니다. 그러나 축도는 축복을 기원하는 기도가 아닙니다. 그래서 '축도'라는 용어 대신 '강복선언'이라 부르는 것이 더 좋습니다.

강복선언이 기도라면 왜 '예수님의 이름으로 기도합니다'라는 말로 마치지 않을까요. 우리가 이미 알고 있듯이 모든 기도는 예수님의 이름으로 해야 합니다. 하지만 강복선언은 '~ 있을지어다'로 끝납니다. 이는 강복선언이 기도가 아니기 때문입니다. 그렇다면 강복선언은 무엇입니까? 하나님의 언약의 복을 예배 인도자가 대신 선포하는 것입니다. 언약의 복을 선언한다는 말은 그 반대인 언약의 저주도 있다는 뜻입니다. 이것이 언약의 큰 특징 중 하나입니다. 그래서 예배를 언약 갱신의 현장이라 정의할 때, 그 언약 갱신의 현장에는 반드시 언약의 복과 저주가 선언되어야 합니다. 그러니 예배 마지막에 언약의 복이 선언되는 것은 너무나 당연합니다.

성경에 기록된 모든 언약에는 이러한 언약의 복과 저

주가 포함되어 있습니다. 어느 한편이라도 언약을 파기하면 저주를 받습니다. 아담 언약에 나타난 저주는 선악을 알게 하는 나무 열매를 먹을 때 반드시 죽는다는 것입니다(창 2:17). 동시에 언약에 충실할 때에 영생이 약속되었습니다. 생명나무는 이를 확증하는 표입니다. 하나님은 아브라함과 언약을 맺으면서 불로 나타나 쪼갠 짐승 사이로 지나가셨습니다(창 15:9, 17). 이는 언약을 어길 경우 짐승의 쪼개짐과 같은 저주를 받을 것이라는 무언의 약속입니다. 레위기 26장과 신명기 28장은 바로 이 언약의 복과 저주를 가장 자세히 소개하는 본문입니다.

이러한 언약의 성격과 더불어 언약을 최종적으로 이루시는 분은 하나님이십니다. 곧 언약의 주도권이 하나님께 있습니다. 백성들의 약함이나 악함에도 불구하고 스스로 언약을 완성하십니다. 그래서 언약을 하나님의 맹세라고 부릅니다(신 4:31, 29:13). 하나님께서 스스로 맹세했기에 어떠한 경우에도 언약이 파기되지 않습니다. 하나님의 열심이 언약을 완성합니다. 예수님께서 성찬을 제정하시면서 포도주를 '언약의 피'라고 말씀하신 이유가 이 때문입니다. 백성들의 불신앙과 불충에도 불구하고 스스로 언약을 완성하기 위하여 자기 몸을 언약의 저주 가운데 두셨습니다. 이것이 예수님의 죽으심, 곧 십자가가 갖는 언약적 성격입니다.

강복선언은 교회가 언약에 신실할 것을 요구하시는 삼위 하나님의 초청이며, 교회는 그 언약에 '아멘'으로 화답함으로 언약에 신실하겠다고 약속합니다. 곧, 예배 인도자의 강복선언에 성도들이 '아멘'하는 것은 언약의 복에 참여할 것이라는 성도들의 화답입니다. 성도들은 예배를 통하여 다양한 교훈과 깨달음을 얻습니다. 설교를 들음으로 하늘 아버지의 뜻을 깨닫습니다. 성찬을 통하여 우리의 정체성을 확인합니다. 찬송과 기도를 통하여 여호와 하나님께서 우리에게 베푸신 구원을 노래하고 우리의 필요를 간청합니다.

그러므로 예배 중 찾아오셔서 자기 백성들을 향하여 충성을 요구하시는 삼위 하나님의 요청에 '아멘'으로 화답한 성도는 하나님과 맺은 언약을 지키기 위해 헌신해야 합니다. 만약 성도가 하나님의 뜻을 거역하며 살아간다면 언약의 저주가 임할 것입니다. 그러나 두려워할 이유는 없습니다. 언약의 주도권이 하나님께 있으니 성령 하나님께서 우리로 승리하게 만드십니다. 덧붙여 강복선언은 기도가 아니기에 눈을 감거나 고개를 숙일 이유가 없습니다. 오히려 인도자가 손을 들어 복을 선언하는 모습을 눈을 부릅뜨고 보면서 그 복에 참여할 것을 다짐해야 합니다. 더불어 인도자의 강복선언에 혼자가 아니라 그리스도의 몸인 교회 전체가 함께 참여함도 기억합시다.

Q. 헌금의 근거는 무엇이며, 헌금은 어떤 측면에서 교회의 본질을 보여주나요?

Q. 헌금 시간에 교회의 본질을 더 풍성히 드러나게 하는 방법에는 무엇이 있을까요?

Q. 왜 '축도'보다는 '강복선언'이라고 불러야 할까요? 언약에는 복과 저주가 있기에 우리는 강복선언을 받으며 무엇을 기억해야 하나요?

Q. 예배 인도자는 누구를 향해 강복선언을 시행하나요?

제7장
예배와 관련된 몇 가지 제언

제7장
예배와 관련된 몇 가지 제언

예배와 교회소식

대부분의 한국교회는 예배 중에 광고 시간을 갖습니다. 주보에 광고가 기재되는 것과 별개로 예배 인도자나 담당자가 광고합니다. 주보에 실린 것으로 충분한데도 굳이 시간을 들여 소식을 알리는 데는 그만한 이유가 있기 때문입니다. 하지만 냉정하게 생각하면 시간과 물질의 낭비입니다. 주보에 실린 내용을 성도들이 제대로 살피지 않으니 예배 중에 다시 한 번 강조하여 알리자는 취지인 듯합니다. 광고의 내용도 다양합니다. 교회행사를 주로 알리거나 각 기관들의 행사와 모임, 연합회 행사, 그리고 전체 성도들의 협조가 필요한 일들, 출산, 결혼, 부고 등. 교회의 규모가 클수록 분량도 늘어납니다.

이러한 광고가 예배 중에 자리하는 것이 합당한가요? 대개 광고를 예배 중에 넣어 행하는 입장에서는 이를 성도의 교제가 이루어지는 한 측면으로 이해합니다. 교회적 소식이나 성도 개인의 소식들이 성도의 교제를 촉진시키는 기능을 합니다. 뿐만 아니라 광고 시간에 인도자의 안내로 옆 사람과 서로 악수하고 인사말을 나누는 경우도 있습니다. 그러나 예배는 삼위 하나님과 자기 백성의 언약 재현의 현장이며, 이 언약의 재현은 그 자체로 교제의 의미를 풍성히 담고 있습니다. 예배의 자리로 나아가는 교회는 한 개인으로 나아가지 않고 한 몸으로 삼위 하나님에게로 나아가기 때문입니다. 교회는 그리스도를 머리로 하는 한 몸입니다(롬 12:5, 고전 12:27, 엡 1:22-23). 개인이 한 지역교회에 소속되었다는 것 자체가 하나님의 새로운 가족의 일원이라는 측면도 포함합니다(막 3:31-35).

특히 예배 중 성찬은 한 몸 됨을 가장 강력히 드러내고, 헌금은 그 자체로 성도의 교제이기도 합니다. 그러니 예배 자체가 성도의 교제로 가득합니다. 흔히 성도들이 함께 교제하기 위해서는 운동회나 야유회 등을 통해 서로 알아가는 시간을 갖는 것이 가장 좋은 교제의 방법이라고 생각합니다. 하지만 이는 성경이 가르치는 교제의 의미를 풍성히 이해하지 못한 데서 비롯된 오해입니다. 성경은 성도의 교제가 삼위 하나님과의 교제에 근거하고 있음을 선명히 가르칩니다(고전 13:13, 요일 1:3). 더욱이 내주 하시는 성령 하나님의 교제가 말씀의 교제로 나타날 때, 그것을 진정한 성도의 교제라 말합니다(빌 1:5, 2:1, 몬 1:6). 그러므로 예배 자체가 삼위 하나님과 자기 백성의 교제이며, 동시에 성도와 성도의 교제의 현장입니다. 그래서 교회소식을 전하는 순서는 예배 전이나 후가 훨씬 좋습니다. 이는 예배가 참다운 교제의 근거이기 때문이고, 예배 전이나 후에 교회소식을 전함으로 예배의 경건성을 유지할 수 있기 때문입니다.

교회소식을 정하고 알리는 주체는 누구인가요? 하나님의 거룩한 양 무리인 교회를 목양하는 일은 일차적으로 목회자의 사역입니다. 하지만 목양은 장로의 회가 감당해야 될 중요한 사명입니다. 이때, 장로회는 당회를 의미합니다. 사도 바울이 밀레도에서 에베소교회의 장로들을 불러 마지막 권면과 인사를 나누면서 그들을 '감독'이라 불렀습니다

(행 20:28). 그래서 바울은 디모데전서 3장에서 장로의 자격, 곧 감독의 자격을 말했습니다. 그러니 감독의 직무는 교회소식을 전하는 일에서도 드러납니다. 더불어 장로는 말씀을 가르치는 장로, 곧 목사와 치리하는 장로로 구별됩니다(딤전 5:17). 그래서 목양은 장로의 회에서 합니다. 그러므로 모든 교회소식은 당회를 거쳐 성도들에게 안내되어야 합니다.

교회소식은 어떤 내용이어야 합니까? 사실 어떤 내용을 성도들에게 알려야 하는가의 문제는 여러 기준이 제시될 수 있습니다. 교회소식은 어떤 사실을 전달하는 시간이 아닙니다. 광고의 기준은 교회를 통하여 일하시는 하나님의 구원 역사여야 합니다. 하나님께서는 각 개인의 삶과 섬김을 사용하여 구원 역사를 이루십니다. 하지만 교회소식은 전체 교회와 소속 부서의 구원 역사에 제한되어야 합니다. 성도들이 교회소식을 들음으로 교회를 통해 역사하시는 하나님의 구원 역사를 깨닫고 확신케 되어야 합니다. 곧, 교회가 교회소식을 성도들에게 전함으로 성도들로 하여금 자신과 소속 교회와 세상을 해석케 해야 합니다. 그래서 당회의 광고는 하나님의 일하심에 대한 보고입니다. 교회소식을 통해 성도들이 하나님의 일하심을 찬송케 합시다.

예배와 경건회(집회)를 구별해야

1800년대 후반부터 시작된 장로교 선교사들의 내한은 복음의 불모지에 교회 건설의 출발선이었습니다. 이후 수많은 장로교 선교사들이 미국, 호주, 캐나다, 영국으로부터 왔습니다. 단연 미국 장로교 선교사들의 숫자가 가장 많았습니다. 1920-30년대 미국 선교사들은 전체 장로교 선교사들의 약 70%를 차지했습니다. 한국 장로교회는 이들로부터 복음의 빚을 졌습니다. 우리는 이 사실을 잊지 말아야 합니다. 복음을 위한 그들의 희생과 헌신에 감사하며, 우리도 그러한 길을 따라야 합니다.

다른 한편으로 미국 선교사들의 연약함도 고려해야 합니다. 특별히 예전과 관련하여 우리는 좀 더 성경적인 해답을 찾아야 합니다. 대부분의 미국 선교사들은 부흥운동의 영향을 받아 선교사로 자원하였고, 동양의 작은 나라 한국으로 왔습니다. 마포삼열(Samuel H. Moffett, 1864-1939)목사의 주일 공 예배 순서는 전형적인 부흥운동의 영향으로 정착된 단순한 예배 순서였습니다. 한국 장로교회는 네비우스 선교정책을 받아들이면서 그의 예배 형식도 받아들였습니다. 미국 부흥운동의 영향을 받은 선교사들의 예전과 네비우스의 예전은 거의 흡사하였습니다.

미국 부흥운동은 예배보다 집회를 통해 확산되었습니다. 여러 번의 찬송과 기도, 그리고 원고 없는 설교로 이어지는 집회는 불신자들을 초대하여 복음을 소개하는 전도 집회였습니다. 이러한 집회는 공예배와는 너무나 다른 모습이었습니다. 예배가 삼위 하나님과 자기 백성의 교제이며, 언약을 재현하는 현장이라는 개념 자체가 초기 장로교 미국 선교사들에게는 너무나 약했습니다. 그럼에도 불구하고 곽안련 목사(Charles Allen Clark, 1878-1961)가 미국 남장로교회의 예배모범을 기본 자료로 예배에 대해 정리하여 1921년 한국장로교회의 공식 문서로 출판했습니다. 곽안련은 칼뱅의 예전을 계승했습니다. 예배의 부름, 죄의 고백, 십계명 낭독과 사도신경 고백, 성경봉독과 목회자의 기도, 회중의 찬송과 설교, 봉헌과 축도로 구성되었습니다. 그러나 이러한 제안은 실제 교회의 예배생활에 채택되지 못했습니다. 결국 간결하고 단순한 예배 순서가 한국교회 안에 뿌리내리고 말았습니다. 그리하여 집회 순서가 예배 순서를 대체하는 전통이 한국장로교회에 남았습니다.

그렇다면 공예배가 되기 위해서는 어떤 조건들이 충족되

어야 합니까? 먼저, 공예배는 온 교회가 함께 드려야 합니다. 교회는 성도들과 직분자로 구성됩니다(빌 1:1). 그래서 장로교회는 로마가톨릭교회처럼 직분자 중심도 아니요, 직분자가 없는 회중교회와도 다릅니다. 교회 전체가 한 몸으로 삼위 하나님과 교제하며, 그리스도께서 성취하신 새 언약을 재현할 때 진정한 예배가 됩니다. 다음으로, 교회로 모인다는 것은 성찬을 함께 나눈다는 것이기도 합니다(고전 11:18-20). 그러니 예배에는 반드시 성찬이 베풀어져야 합니다. 그러므로 말씀과 성례가 없는 모임은 예배가 되지 못합니다. 공교회가 말씀과 성찬을 함께 행할 때에 공예배라 부릅니다. 또한 이 공교회의 예배는 주의 날에 회집되어야 합니다(계 1:10). 주일에 '행동과 말과 생각을 종일토록 공사 간에 하나님을 예배'해야 합니다(웨스트민스터 신앙고백 21장 8절). 이러한 것들이 충족될 때 공예배라 부릅니다.

우리는 온갖 종류의 예배에 둘러싸여 살아갑니다. 새벽예배, 수요예배, 금요예배, 주일학교 예배, 학생회 예배, 청년부 예배, 남전도회 예배, 여전도회 예배, 장례예배, 결혼예배 등등. 예배가 무엇인지 명료하게 자리 잡지 못한 초기 전통이 아직도 그 괴력을 발휘하고 있습니다. 우리 헌법은 새벽기도회, 수요기도회, 금요기도회라 명시했습니다(예배지침, 제8장, 30조). 결혼이나 장례도 동일합니다. 결혼식, 장례식이지 결혼예배나 장례예배가 아닙니다(헌법적규칙, 제2장, 6, 7조). 집회 혹은 경건회와 예배를 구분해야 합니다. 학생신앙운동 연합 모임은 항상 집회의 성격을 가진 경건회입니다. 신학교에서 신학생들이 잠시 수업을 중단하고 드리는 집회가 경건회입니다. 그래서 집회나 경건회는 매우 자유로운 순서로 진행됩니다. 예배는 삼위 하나님께서 받으시기에 합당한 요소와 순서를 따라 드려야 합니다. 집회와 예배를 구별하여 예배생활이 단정한 고신교회가 됩시다. 덧붙여 집회나 경건회에서는 강복선언을 하지 말아야 합니다.

건강한 예배생활을 위한 몇 가지 제언

당회는 공예배를 주관하는 공적 기관입니다. 동시에 당회는 성도들의 예배생활을 감독하는 치리기관입니다. '감독' 혹은 '장로의 회'로 불리는 당회는 성도들의 예배생활도 잘 지도해야 합니다. 그러므로 성도가 무단으로 예배에 빠지는 것은 질서를 따른 교회생활이 아닙니다. 성도들이 여러 이유로 소속 교회를 떠나 부득이 다른 곳에서 예배를 드려야 할 때가 있습니다. 여행을 가거나 업무 때문에 타 도시를 방문할 때가 그러합니다. 그때, 당회와 성도는 각각 중요한 두 가지 절차를 지켜야 합니다.

첫째, 당회는 출타할 성도를 위해 예배드릴 교회를 소개해야 합니다. 뿐만 아니라 당회는 성도가 예배드리고자 하는 교회의 당회에 소속 성도의 예배 참석 허락 및 신앙 지도를 부탁해야 합니다. 당회는 반드시 같은 교단의 교회를 소개해야 합니다. 성도들은 이러한 당회의 안내와 지도를 감사함으로 받아들여야 합니다. 당회의 이러한 돌봄은 성도들의 예배생활을 안전하게 합니다.

둘째, 당회가 소개할 교회가 없을 경우, 성도들은 반드시자신의 신앙을 증명할 서류를 지참해야 합니다. 여행이나출장으로 멀리 있는 도시로 이동할 성도들에게 당회는 성찬에 참여할 증명서나 그 성도의 소속을 확인할 수 있는 증명서를 지참케 해야 합니다.

이러한 일련의 돌봄과 절차는 성도들의 예배생활을 더욱질서 있고 경건하게 만듭니다. 성도들은 이와 같은 당회의세밀한 돌봄과 지도를 통해 예배의 가치를 확인하게 됩니다. 자신이 원하는 교회라면 아무렇게나 예배에 참여할 수

제7장 예배와 관련된 몇 가지 제언

있는 것이 아님을 배우게 됩니다. 함께 예배하는 일은 한 몸임을 최종적으로 확증하는 행위입니다. 그러니 예배를 함께 드리는 것은 마치 부부가 되었다는 의미와도 같습니다. 당회 역시 성도들의 예배생활을 반듯하게 함으로 어리고 연약한 성도들이 잘못된 교회나 이단적인 교회의 예배에 참여하는 일을 미연에 방지하게 됩니다. 한걸음 더 나아가 다른 지역에 있는 고신교회에서 예배를 드림으로 고신교회가 하나의 교회임을 확인하게 됩니다.

다음으로 오전예배와 오후예배(혹은 저녁예배)의 참석율의 현격한 차이문제입니다. 이것은 큰 병폐입니다. 성도는 마땅히 주의 날을 거룩히 지켜야 합니다. 그러기 위해 예배는 반드시 참석해야 될 성도의 의무입니다. 하나님께서 자기 백성들에게 세 가지 은혜의 방편을 선물로 주셨습니다. 말씀과 성례와 기도입니다. 이 세 가지가 모두 예배 중에 주어집니다. 예배 가운데 말씀이 주어지고 성례에 참여하며, 기도합니다. 이 은혜의 방편 외에 다른 것으로 은혜를 받을 수 없습니다. 그러므로 결코 예배에 빠져서는 안 됩니다. 교회의 공적 모임에 빠지는 일은 죄를 짓는 것입니다.

예배에 빠진다는 것은 한 몸으로 예배 한다는 개념에 치

명적인 결함을 불러옵니다. 교회는 예배를 드림으로 한 교회가 됩니다. 한 몸에는 많은 지체들이 있습니다. 곧 몸은 머리, 가슴, 배, 팔과 다리로 구성됩니다. 또한 몸에는 눈, 귀, 입, 오장육부와 뼈가 있습니다. 이렇게 한 몸에도 수많은 지체들이 있습니다. 교회도 마찬가집니다. 머리이신 그리스도를 중심으로 한 영혼 한 영혼이 그 머리에 붙어있는 지체입니다. 그러므로 예배는 교회가 한 몸임을 드러내는 표입니다. 한 지체가 예배에 불참하면 그 예배에는 한 몸이 아니라 한 지체를 제거하고 예배에 참여하는 것과 같습니다. 생각해 보십시오. 건강한 사람이 예배하는 것과 한쪽 눈과 귀를 도려내고 예배에 참여하는 사람의 모습을. 얼마나 기형적입니까. 교회의 회원이면서 예배에 참석치 않는 것은 마치 이와 같습니다. 그러므로 성도는 마땅히 모든 공예배에 필히 참석해야 합니다.

한 몸 된 교회가 1, 2, 3부로 나누어 예배드리는 것은 성경적이지 않습니다. 이는 한 몸으로 하나님을 예배하는 교회의 본질을 파괴하는 행위입니다. 예배 처소가 좁아 수용할 수 없으면 다른 지역에 같은 신앙을 고백하는 교회를 세우면 됩니다. 어떤 이들은 큰 교회가 많은 사역을 감당할 수

제7장 예배와 관련된 몇 가지 제언

있다고 말합니다. 물론 교회는 사명을 잘 감당해야 합니다. 그러나 그 사명을 감당하는 데 있어 성경이 가르치는 교회의 본질을 침해하면서까지 해서는 안 됩니다. 이는 학생이 부정한 방법으로 성적을 좋게 받는 것과 다르지 않습니다. 교회는 예배를 통하여 한 몸임을 확인하며 즐깁니다.

Q. 누가 교회소식을 정리하고 광고해야 할까요?

Q. 공예배가 되기 위해서는 어떤 조건들이 필요할까요? 예배와 경건회(집회)를 구별한다면, 누가 참여해야 가장 자연스러울까요?

Q. 성도가 주일에 부득이 다른 곳에서 예배를 드릴 때, 당회와 성도가 따라야 할 절차는 무엇이고 그 유익은 무엇인가요?

Q. 한 몸 된 교회의 본질을 잘 간직하고 드러내기에 적합한 교회의 규모는 어느 정도일까요?

나가며

왜 우리는 예배 개혁을 열망하는가!

예배에 대한 공격은 첫 사람 아담 때로부터 시작되었습니다. 사탄은 말씀을 왜곡시켰는데, 그 말씀은 성례전적 의미를 지닌 선악을 알게 하는 나무에 대한 것이었습니다. 이는 일종의 말씀과 성례의 왜곡입니다. 예배에 대한 사탄의 이러한 공격은 그 이후 사탄의 씨(The seeds)가 사용하는 가장 강력한 무기였습니다. 가인은 거짓 예배를 드리면서 마치 참예배를 드린 것처럼 행세했습니다. 하나님께서는 그러한 가인을 에덴에서 쫓아내셨습니다. 가인은 거룩한 하나님의 집을 찬탈하기 위해 에덴의 동쪽에 도시를 건설했습니다.

함의 후손 니므롯은 시날의 왕이었습니다(창 10:10). 그는 시날 평지에 도시를 건설했습니다. 그 도시의 중앙에 제단을 높이 쌓아 가짜 예배를 드리려고 했습니다. 그러자 하나님께서 그들의 언어를 혼잡케 하였고 그들로 온 지면에 흩어지게 하셨습니다(창 11:7). 아브라함의 아버지 데라는 갈대아 우르에서 다른 신을 섬겼고, 애굽에 내려간 아브라함의 후손들도 그러했습니다(수 24:2, 14). 시내산에 이른 이스라엘은 모세가 더디 내려오자 아론을 중심으로 금송아지를 만들고 그 금송아지를 향하여 '너희를 애굽 땅에서 인도하여 낸 너희 신'이라고 했습니다(출 32:8).

솔로몬 사후 북이스라엘의 첫 번째 왕인 여로보암은 전형적인 예배 파괴자였습니다. 제사 때문에 예루살렘을 방문하는 백성들의 마음이 남쪽 왕 르호보암에게 돌아갈 것을 두려워하여 벧엘과 단에 금송아지를 만들고 그것을 경배하게 만들었습니다. 뿐만 아니라 그는 레위 자손이 아닌 보통 백성으로 제사장을 삼았으며, 8월 15일을 절기로 정하여 벧엘의 단에 가서 분향했습니다(왕상 12:25-33). 여로보암이 지은 범죄의 본질은 예배와 직분의 파괴입니다. 이러한 예배와 직분의 타락은 북 왕국이 멸망한 원인이었습니다. 이후 왕들의 치세를 평가하는 기준은 '여로보암과 같이'라는 말 속에 모두 담겨졌습니다.

언약 백성들의 예배 파괴는 선지자 에스겔의 환상에서

극에 달하였습니다. 환상 중에 에스겔은 예루살렘 성전의 제단 문어귀 북쪽에 '투기의 우상'을 보았고, 다른 곳에서 장로 70명과 사반의 아들 야아사냐가 여러 곤충과 짐승과 우상을 사방 벽에 그리고 그들을 섬기는 것을 보았습니다. 또한 북문에서는 여인들이 앉아 담무스를 위하여 애곡하는 것도 보았습니다. 심지어 성전 문, 곧 현관과 제단 사이에서 약 25명이 성전을 등지고 동쪽을 향하여 태양에게 예배하는 모습도 보았습니다(겔 8장 참고). 이 가증스러운 행위들은 모두 언약 공동체의 예배 타락입니다.

그래서 유다 왕국의 두 왕 히스기야와 요시야의 개혁은 예배의 개혁이었습니다. 히스기야는 아버지 아하스가 파괴한 예배를 새롭게 개혁했습니다. 아하스는 힌놈의 골짜기에서 아들을 분향했고, 바알 우상을 만들어 섬겼으며, 심지어 다메섹에서 본 우상 신전을 따라 하나님의 성전을 바꾼 인물이었습니다(대하 28:3, 왕하 16:10-16). 히스기야는 이러한 아버지의 더러운 행위를 청산하고 하나님의 전을 청소하였으며 제사장들과 레위인들에게 명하여 다시금 참예배가 드려지도록 했습니다. 그 예배에는 다윗이 제정한 찬양대가 회복되었고, 유월절과 무교절 절기의 기쁨이 얼마나 컸

던지 일주일을 연기하여 절기를 지켰습니다(대하 30:23). 예루살렘은 엄청난 즐거움에 사로잡혔습니다. 그러자 백성들은 우상을 손수 제거했고, 십일조가 회복되어 5개월 동안 그것을 정리하였습니다(대하 31:1-10).

요시야 역시 성전에서 힐기야가 발견한 율법책을 사반이 읽자 옷을 찢고 온 백성을 모아 양과 염소 삼만 마리, 수소 삼천 마리를 유월절 제물로 드려 예배를 회복하고 직분을 회복시켰습니다.

예배의 개혁은 교회 회복의 원천입니다. 성경은 줄기차게 사탄의 공격이 예배로부터 시작되며, 그것이 직분의 파괴로 이어짐을 보여줍니다. 그만큼 예배는 중요합니다. 예배가 개혁되면 직분이 회복됩니다. 직분이 회복되면 성도들의 삶이 개혁됩니다. 고신헌법이 제시하는 예배지침은 상당히 성경에 가까운 기준을 제시했습니다. 이를 개체교회의 당회가 좀 더 깊이 있게 받아들였으면 좋겠습니다. 그리하여 예배의 개혁이 직분의 개혁으로, 나아가 교회의 회복으로 이어지게 합시다.

참고문헌

권기현, 『선교, 교회의 사명』, R&F, 2012.
_____, 『예배 중에 찾아오시는 우리 하나님』, R&F, 2019.
고신총회, 『헌법』, 총회출판국, 2011.
_____, 『헌법해설: 예배지침, 교회정치, 권징조례』, 총회출판국, 2014.
그레고리 K. 비일, 『예배자인가, 우상숭배자인가?』, 새물결플러스, 2014.
D.G. 하트, J.R. 뮤터, 『개혁주의 예배신학』, P&R, 2011.
로버트 레담, 『웨스트민스터 총회의 역사』, P&R, 2014.
_____, 『칼빈의 성찬론과 오늘날의 개혁교회』, 고신대학교 개혁주의 학술원, 2010.
로버트 G. 레이번, 『예배학』, 성광문화사, 1982.
리차드 A. 멀러 외, 『웨스트민스터 총회의 실천』, P&R, 2014.
마이클 호튼, 『개혁주의 예배론』, 부흥과개혁사, 2012.
브라이언 채플, 『그리스도 중심적 예배』, 부흥과 개혁사, 2011.
손재익, 『특강 예배모범』, 흑곰북스, 2018.
스캇 마네치, 『칼빈의 제네바 목사회의 활동과 역사』, 부흥과개혁사, 2019.
안재경, 『예배, 교회의 얼굴』, 그라티아, 2014.
요한 칼뱅 500주년 기념 사업회, 『칼뱅의 구원론과 교회론』, SFC, 2011.
유해무, 『개혁교의학』, 크리스챤다이제스트, 1997.
_____, 『신학, 삼위일체 하나님을 향한 송영』, 성약, 2007.
_____, 『예배의 개혁, 참된 교회 개혁의 길』, 그라티아, 2013.
_____, 『헌법해설: 웨스트민스터신앙고백서/대소교리문답서』, 총회출판국, 2015.
이성호, 『성찬, 천국잔치 맛보기』, 그라티아, 2012.
존 칼뱅, 『기독교강요』 제4권, 생명의말씀사, 1988.
최낙재, 『하나님의 언약과 유아세례』, 성약, 2012.
카렐 데덴스, 『예배, 하나님만을 향하게 하라』, SFC, 2014.

코넬리스 반 담, 『성경에서 가르치는 장로』, 성약, 2012.
토마스 레쉬만 편역, 『웨스트민스터 예배모범』, WPA, 2002.
판도른, 『예배의 아름다움』, SFC, 1994.
필립 샤프, 『교회사 전집 3권, 니케아시대와 이후의 기독교』, 크리스챤
        다이제스트, 2004.
허순길, 『개혁해 가는 교회』, 총회출판국, 2011.
헤르만 바빙크, 『개혁교의학 4권』, 부흥과개혁사, 2011.

참고문헌